不停止的科学

从万物组成到虚拟生命

物理与化学篇

[英] 布莱恩·克莱格 著

赵竞欧 译

电子工业出版社
Publishing House of Electronics Industry
北京·BEIJING

Originally published in English under the title: Essential Science by Brian Clegg
Design © Welbeck Non-Fiction Limited 2020
Text copyright © Welbeck Non-Fiction Limited 2020
Simplified Chinese rights arranged through CA-LINK International LLC.
Simplified Chinese edition copyright: Publishing House of Electronics Industry.
All rights reserved.

本书中文简体字版授予电子工业出版社独家出版发行。未经书面许可，不得以任何方式抄袭、复制或节录本书中的任何内容。

版权贸易合同登记号　图字：01-2023-4069

图书在版编目（CIP）数据

永不停止的科学：从万物组成到虚拟生命.物理与化学篇 /（英）布莱恩·克莱格（Brian Clegg）著；赵竞欧译. —北京：电子工业出版社，2023.9
ISBN 978-7-121-46252-8

Ⅰ.①永… Ⅱ.①布… ②赵… Ⅲ.①科学知识－普及读物　②物理学－普及读物　③化学－普及读物　Ⅳ.①Z228　②O4-49　③O6-49

中国国家版本馆 CIP 数据核字（2023）第 167687 号

责任编辑：张　冉
文字编辑：刘　晓
特约编辑：胡昭滔
印　　刷：中国电影出版社印刷厂
装　　订：中国电影出版社印刷厂
出版发行：电子工业出版社
　　　　　北京市海淀区万寿路 173 信箱　邮编：100036
开　　本：787×1092　1/16　印张：18.25　字数：554.8 千字
版　　次：2023 年 9 月第 1 版
印　　次：2023 年 9 月第 1 次印刷
定　　价：128.00 元（全 2 册）

凡所购买电子工业出版社图书有缺损问题，请向购买书店调换。若书店售缺，请与本社发行部联系，联系及邮购电话：(010) 88254888, 88258888。
质量投诉请发邮件至 zlts@phei.com.cn，盗版侵权举报请发邮件至 dbqq@phei.com.cn。
本书咨询联系方式：(010) 88254439, zhangran@phei.com.cn，微信号：yingxianglibook。

目　录

6 · 引言

物理学和宇宙学

10 · 功、功率和能

18 · 热力学

26 · 经典力学

34 · 电磁学

42 · 光学

50 · 量子理论

58 · 相对论：时间和空间

66 · 万物的组成：力与粒子

74 · 引力（更多关于时间和空间）

82 · 大爆炸

90 · 恒星、行星、太阳系和星系

98 · 暗物质与暗能量

106 · 多元宇宙和其他奥秘

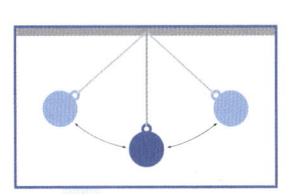

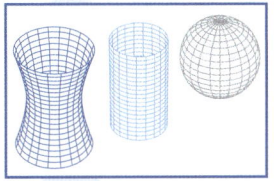

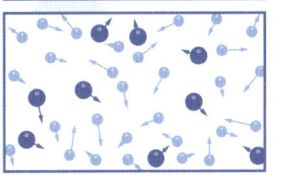

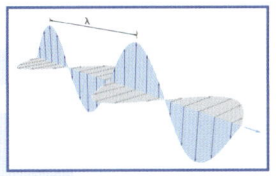

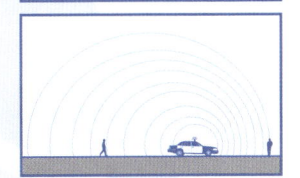

化学

116 · 原子结构

124 · 物态

132 · 元素周期表

140 · 键合和化学反应

148 · 有机化学和无机化学

156 · 工业化学

164 · 延伸阅读

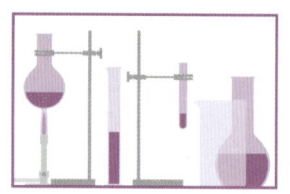

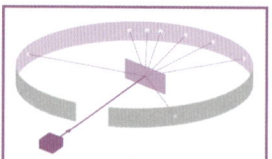

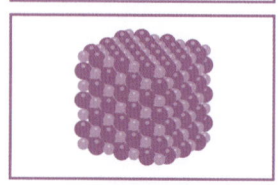

上图：这幅诞生于2008年的艺术概念图展现了我们的银河系，可以看到银河系有4条主要旋臂，两条大一些的旋臂从纺锤状的星系中心的两端向外延伸，两条小一些的旋臂各位于两条大旋臂之间。（图片来自NASA）

引 言

> 科学是现代生活的核心。我们所做的每一件事均依赖技术、医学和基础学科的支持。但科学远不止于此:它回应了我们内心深处的一种强烈愿望——了解我们身处的宇宙及理解它如何运作。

科学是一个相对现代的概念,可以追溯至2500年前。在这段时间里,从最微小的原子到整个宇宙,我们对一切事物的理解都有了极大的发展。然而,这并不意味着没有更多的事物需要去发现。

诗人约翰·济慈(John Keats)在1819年的叙事诗《拉米亚》(Lamia)[1]中谴责科学"拆解"了彩虹——了解彩虹形成的原理,实际上破坏了大自然的美。然而,事实恰恰相反。我们仍然可以为宇宙的壮丽而欢欣,甚至还可以通过欣赏现实的鬼斧神工来从我们的经历中收获更多东西。

一本概述科学全貌的书,难免会有所遗漏。笔者并未试图粗略涵盖所有内容,而是把科学分为四大部分,并从每个部分中挑选出一些基本的主题。这四个部分分别是:物理学和宇宙学、化学、生物学和进化论,以及地球科学。

本书选择了一定数量的主题(总共33个),方便我们更详细地进行探讨,每个主题以一个简明的摘要开始,接着追溯相关概念从何而来,并研究核心理论,相应观念在过去如何受到批评,该特定主题为何重要,以及它将来会如何发展。每个主题最后都有知识回顾用于总结。这种结构既让科学变得通俗易懂,又强调了科学是一个永无止境的过程,帮助我们不断重塑对现实的认知。

我们先从万物运转的核心奥秘——什么是能量说起。

下页图:距离地球1500光年的猎户星云,它位于猎户座猎人手掌的中心位置。

---

1 《拉米亚》讲述了蛇身女妖拉米亚与年轻的希腊学者相爱,最后被哲人识破真身,美好的婚礼变成葬礼的故事。《拉米亚》被称为西方的《白蛇传》。——译者注

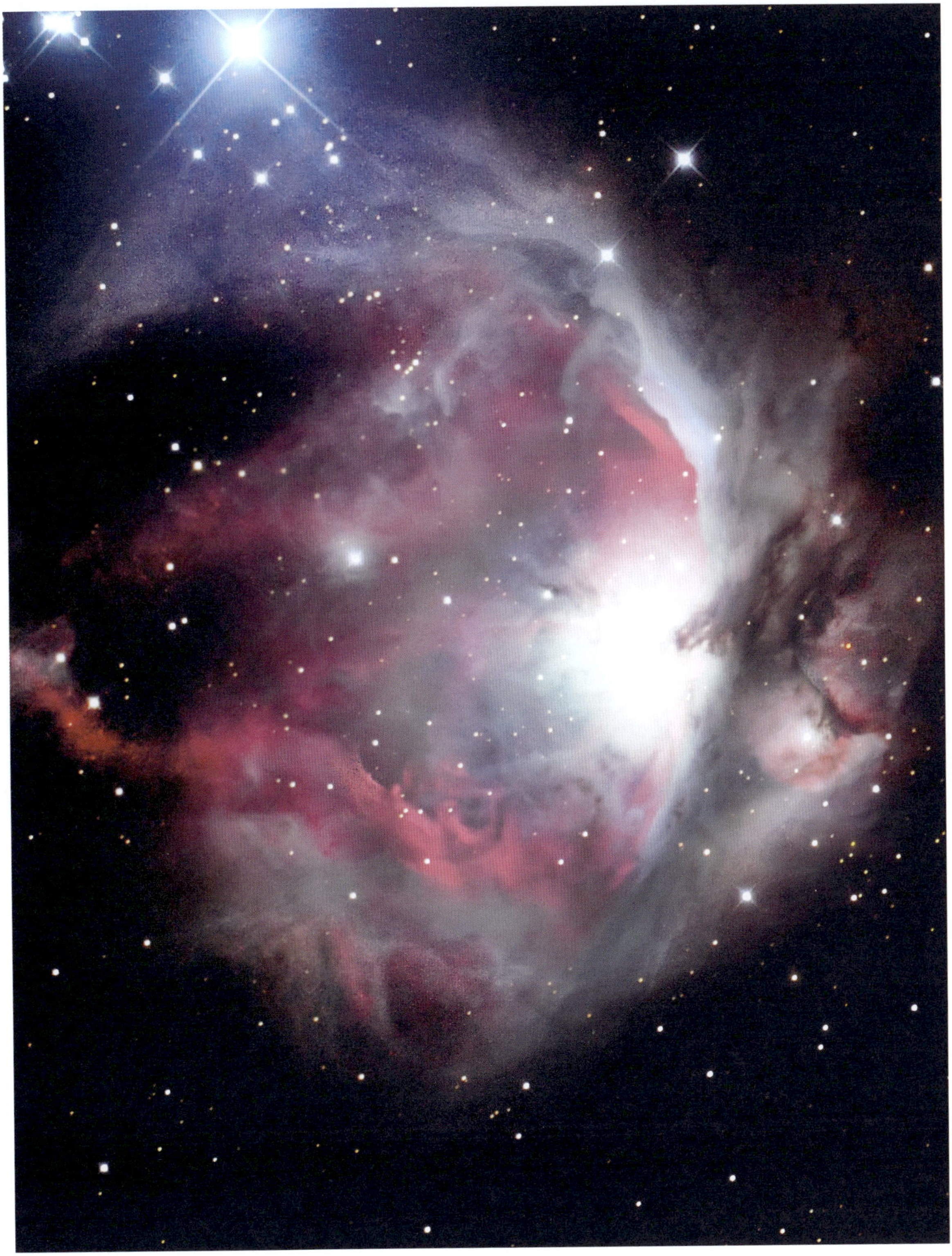

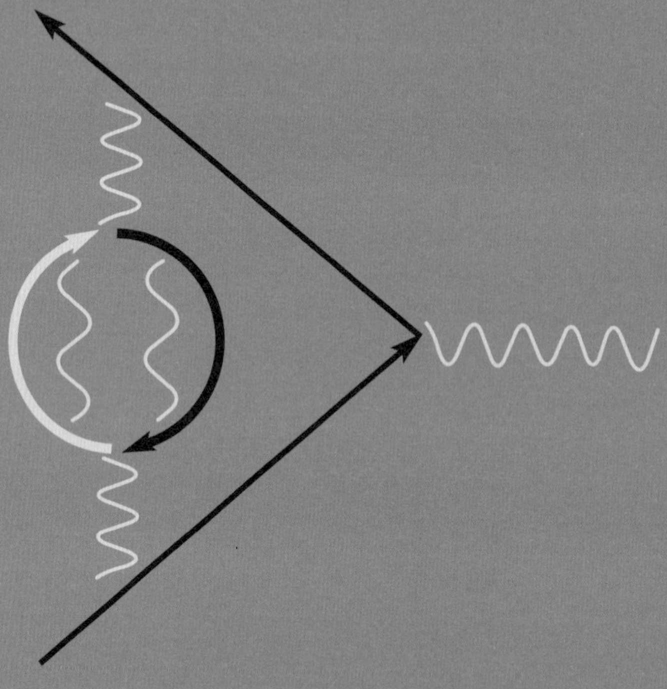

物理学和宇宙学

功、功率和能

思想概述

> 在自然界的运作中，万物永恒存续，没有任何能量可以被摧毁。
>
> 威廉·汤姆森[William Thomson，即开尔文勋爵（Lord Kelvin）]，1849年

在物理世界中，万物运转的核心是三个密切相关的概念：功、功率和能。在英语的一般用法中，这三个术语几乎可以互换，但对于科学家来说，它们具有非常特殊的含义。虽然要清晰地表述"能"的概念对我们而言极为困难，但"能"肩负着使事物发生变化的重任。

能有多种形式，如重力或弹簧提供的势能、化学能、电磁能和动能。在一个封闭的系统中，能量无法获得或失去，尽管能量可以从一种形式转换为另一种形式，但是它的总值始终保持不变。

功，实际上就是能量的转化。功是指能量从一个地方转移到另一个地方或能量状态发生改变。例如，当我们把一个重物抬离地面时，我们是在"做功"，因为我们正在把身体里的化学能转化为势能，即该重物如今在地球引力场中的位置更高了，另外，我们的身体还产生了热能。

功率即为做功的速度。在科学领域，能量（也就是功）的单位是焦耳，功率的单位是瓦特（焦耳/秒）。

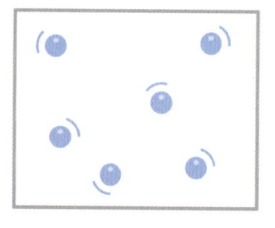

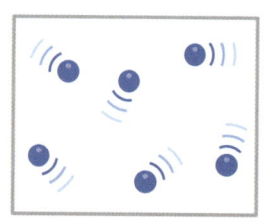

上图：电动机车（又称电力火车）的发动机将电能转化为动能和热能。
下图：温度可以反映原子或分子的动能：温度越高，运动越快，能量越大。

起源与发展

能量是一个相对现代的概念。尽管从古希腊人到艾萨克·牛顿的众多自然哲学家都研究了运动和使物体保持运动的惯性（我们现在称之为动量），但能量这一概念却出现得很晚。当然，人们认识到了部分能量，如热能，但是并没有将这些概念融会贯通。

将能量确定为科学术语的第一步来自与牛顿同时代的德国数学家戈特弗里德·莱布尼兹（Gottfried Leibniz），他在17世纪曾描述"vis viva"（拉丁文中的"生命力"）一词，近似于我们现在所说的动能。1802年，英国科学家托马斯·杨（Thomas Young）在伦敦皇家学会的演讲中使用了"能量"（energy）一词，此后，"energy"被用于特指"能量"这一概念。这个词本身可以追溯到16世纪，不过在日常英语中作为一般用法使用。

> 1802年，英国科学家托马斯·杨在伦敦皇家学会的演讲中使用了"能量"（energy）一词，此后，"energy"被用于特指"能量"这一概念。

最初提到的能量概念只是指运动——动能，直到1853年，苏格兰工程师威廉·兰金（William Rankine）才描述了势能。后来，随着人们对自然本质认识的加深，逐渐出现了其他形式的能。一个非常重要的概念跃迁是，将热理解为一种能量形式。

热理论

18世纪末，热质说开始发展。该理论将热量描述为一种看不见的流体，从较热的物体流向较冷的物体。这意味着热量是守恒的——它可以从一个地方流到另一个地方，但不能被制造或破坏。尽管不正确，但热质说却出人意料地获得了成功。19世纪的法国科学家萨迪·卡诺（Sadi Carnot）用其来解释蒸汽机的工作原理，为新的热力学提供了基础。

然而，将热量视为一种奇怪的流体的时代很快就结束了。19世纪40年代，英国酿酒师兼科学家詹姆斯·焦耳（James Joule）在研究为酿酒机器提供动力的不同方法的经济性时，发现了热量和功之间的关系。他用了许多装置来证明这一点，最著名的是一种利用下落的重物来驱动桨在水中旋转的装置。在该装置中，损失的势能等于水中增加的热能。

上图：萨迪·卡诺（1796—1832）
下图：詹姆斯·焦耳（1818—1889）

核心理论

自然、守恒与对称

能量的形式千变万化，但有一些隐藏在外表下的基本形式。最容易理解的一种是动能——运动的能量。动能完全取决于物体的质量及其速度的平方，是第一种被确定的能量类型。

另一种常见的能量类型是势能。势能是储存的能量，不会引起任何变化，但是拥有转化能力。最容易识别的是重力势能。重力是两个具有质量的物体之间的相互作用，使它们彼此吸引。这意味着，一个物体远离另一个物体需要能量，并将能量以势能的形式储存起来。重力将物体拉向彼此：当物体发生移动时，重力势能首先转换为动能，然后在物体碰撞时转换为热能和声能。

能量类型

虽然重力势能是最易察觉的势能，但势能还有很多其他的类型。比如，螺旋弹簧具有势能，炸药棒或放射性物质也同样具有势能。这一类势能的例子的本质往往为电磁能。为了弄清原委，我们首先需要确定什么是电磁能。

电磁能是指电荷以及磁极之间的相互作用。电荷和被磁化的物体相互吸引或排斥，产生类似于重力的作用。吸引力相对较弱（两个原子之间的吸引力几乎无法察觉），但电或磁的吸引（或排斥）具有显著的影响。上例中，螺旋弹簧中的化学键之间的吸引力，通过拉伸以类似于将物体抬离地面的方式储存能量。像炸药这样的爆炸物，其能量来自化学键被破坏后的势能。而放

> 重力是两个具有质量的物体之间的相互作用,使它们彼此吸引。这意味着,一个物体远离另一个物体需要能量,并将能量以势能的形式储存起来。

射性能量主要来自将原子核连接在一起的势能。

电磁能的另一种常见形式是光能。电与磁之间的相互作用可以提供一种可传输的能量,我们可以将其视为光波或光子流。我们在地球上使用的绝大部分能量来自照向我们的太阳光。

前文已提及热能。虽然人们往往容易将热本身视为一种物体,但实际上,它主要是动能,即物理物质(无论是固体、液体还是气体)中原子运动的能量。

无论形式如何,能量都是守恒的。能量可以从一个地方移动到另一个地方,并在不同形式之间转换,但它不能被创造或破坏。显然,以某种方式与外部物体相连的物体可以获得或失去能量。我们从食物中获取能量,并以热能方式或体力运动等方式失去能量。然而,一个完全孤立的物体(称为封闭系统)无法获得或失去能量,只有在这种情况下,能量才得以守恒。

证 据

从宇宙学中的恒星能量到生命所涉及的能量的生物相互作用,我们在许多科学领域看到了能量的作用。19世纪,在能量被确立为一个概念后,焦耳等人通过实验,证明了势能可转化为热能,能量开始被量化。到19世纪,由于对蒸汽机的依赖,对热能的理解变得尤为重要,但是到了20世纪,能量转换的其他方面也开始凸显。

我们总是轻率地谈论能量的生产或来源(例如发电站),但能量从未被生产,相反,它只能从一种形式转换到另一种形式,从一个地方转移到另一个地方。我们在地球上使用的大部分能量来自太阳,太阳能被植物转化为化学能,进入食物链,同时使地球变暖。也有一部分能量来自地球本身,地球内部的放射性会产生热能。所有这些能量传递机制都已被充分研究,并为我们理解能量提供了证据。

上页图:炸药从化学键中释放出势能。
上图:在发电站,能量从一种形式转换为另一种形式。

求同存异

多年来，能量引起最多争论的地方是其守恒定律。数百年来，人们一直认为制造"永动机"是可能的。永动机是这样一种机制：一旦启动就可以永远保持运动，而不再需要任何能量输入。虽然原则上这似乎是可能的，但实际上，所有的机器都存在一些效率低下的问题——它们会因摩擦和空气阻力而以热的形式损失能量。

永动机的设计往往涉及一个旋转的装置，旋转的过程会导致某些情况的发生（比如液体或磁性从一个地方移动到另一个地方），从而维持运动。

> 近代出现的永动机的失败品中，最出名的是爱尔兰斯迪昂公司（Steorn）2006年开发的一台装置。

近代出现的永动机的失败品中，最出名的是爱尔兰斯迪昂公司2006年开发的一台装置。在铺天盖地的宣传里，他们声称可以从一个利用旋转磁场产生能量的小装置中产生"免费、干净和恒定的能量"。尽管他们曾试图进行一场公开演示，但他们始终无法证明其设备能真正实现永动。

有人认为，我们应该能够得到"零点能量"（zero-point energy），即量子理论所要求的宇宙中的水平基态能量。遗憾的是，要利用一个能量源，我们需要另一个能量更低的地方，这样能量才可以通过从一个地方流向另一个地方来做功。然而根据定义，零点能量是已知的最低能量，因此无法被利用。

学科价值

> 重要的是应认识到，在今天的物理学中，我们其实对能量一无所知。
>
> 理查德·费曼，1964年

能量是日常生活的基础。正如美国著名物理学家理查德·费曼（Richard Feynman）所指出的那样，虽然想要真正了解能量是什么的可能性微乎其微，但重要的是能量的作用——能量驱动生命，能量实现万物。而我们现在已经认识到，物质和能量是同一事物的不同方面，能量不仅使事物发生，它还是由事物构成的。

如今，人们对我们产生能量的不同方式（或更准确地说，我们如何将能量转换为更为便利的形式）存在很多担忧。例如，我们说要从化石燃料转向"可再生能源"。实际上，这是一个没有什么科学价值的标签，因为能量是无法"再生"的。想想太阳和地球组成的系统——承载了我们过去、现在和将来的生活的系统，便可知，可用能源存在一个固定数量。这些能量由太阳泵出，可以暂时储存成各种可能的形式，例如植物中的化学能等，而最终会成为化石燃料。

人类的很多问题，归根结底是需要在正确的时间、正确的地点获取能量。对人类来说，能量是头等大事。

上页图：基于重力的永动机的设计。
上图：理查德·费曼（1918—1988）。

未来发展

关于能量本身,我们似乎已不太可能有更新的认知。能量的基础知识点正是科学中最容易了解的方面(即使从严格意义上讲我们并不了解什么是能量)。能量领域的发展的最大可能是,以更新的、更有效的方式将能量从一种形式转换到另一种形式并储存起来。

随着我们将能量生产越来越多地从化石燃料转向太阳能和核能,能量转换过程和储存的效率也在不断提高。例如,能量转换的一个重要方面是太阳光的电磁能转化为化学能和电能。在自然界,这个过程就是光合作用,植物将太阳光转化为化学能。我们利用光伏太阳能电池,将光能直接转化为电能,或者利用更多的间接来源(例如风)——太阳光加热空气,使其移动,从而驱动涡轮机,进而产生电能。诸如此类的设备永远不可能达到100%的效率,但是我们在其有效性方面正在取得巨大进步。

上图:采用光伏电池的太阳能农场。

知识回顾

起源与发展	核心理论	求同存异	学科价值	未来发展
17世纪 戈特弗里德·莱布尼兹描述了"vis viva"一词，近似于我们现在所说的动能。 **1802年** 托马斯·杨首次使用了现代意义上的"能量"一词。 **1843年** 詹姆斯·焦耳报告了他的第一个实验，该实验显示了功和热量之间的关系。 **1853年** 威廉·兰金首先描述了势能的概念。	能量有多种形式，最为人所知的即为**动能**和**势能**。 其他形式的能量包括**电磁能、化学能、核能和热能**。 地球上使用的大多数能量来自**太阳**，是电磁能。 **能量是守恒的**。它可以从一个地方转移到另一个地方，从一种形式转换成另一种形式，但它不能被创造或破坏。	早期的能量理论曾受到那些支持**热质学**观念的人的批判，他们认为热量是一种流体，由较热的物体传递到较冷的物体，但这种批判很快就消失了。 大多数对能量守恒持批评态度的人认为，制造**永动机**是可能的，但迄今为止，人类还没有成功制造出这样的装置。 有人提出可以利用宇宙的**零点能量**来制造永动机，但这也不可能实现。	虽然我们不知道它是什么，但**能量是生命基础的本源**。 能量是**万物运转**的原因。 物质和能量是**对等**的，所以能量也是万物的构成要素。 "能量产生"其实只是将能量从一种形式**转换**到另一种形式。	未来的发展在于**提高能量产生**（转换）**的效率**，并实现更好的能量**储存**。 能量转换的一个关键方面是将**太阳能转换**为电能和化学能——在此过程中，提高效率至关重要。 能量转换和储存永远**不可能达到100%的效率**——我们还有很长的路要走。

物理学和宇宙学

热 力 学

思想概述

> 热力学第二定律的真理程度与如下说法是一致的：如果把一桶水倒进海里，就无法再把同样一桶水舀出来。
>
> 詹姆斯·克拉克·麦克斯韦（James Clerk Maxwell），1870年

尽管热力学最初是用于解释蒸汽机工作的科学，但它从探索热的运动扩展成为基础科学的一个分支，解释了为什么时间具有明确的方向，并预测了宇宙的终结方式。

热力学的核心是四条定律，它们涉及热的流动方式、能量守恒和温度的最低限度——绝对零度。我们已经看到了能量守恒（第一定律）的学科价值，但可以大胆地说，第二定律更为重要。

简单阐述第二定律即为，在没有外部能量输入的条件下，热量会从较热的地方转移到较冷的地方。另一种表述是，在一个封闭系统中，熵将保持不变或减少。熵是系统无序度的一种度量——熵越大，无序度越大。实际上，第二定律解释了为什么打碎玻璃比修复玻璃更容易。

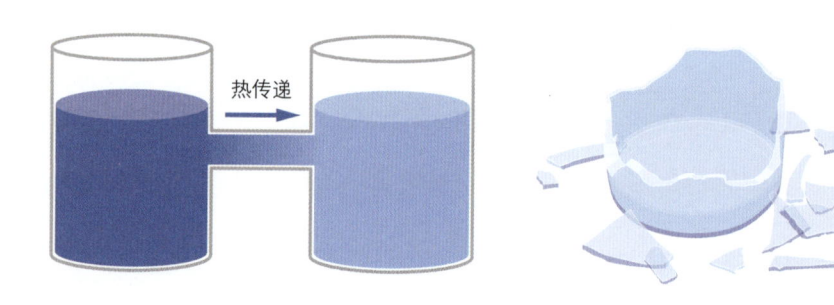

上图：第二定律表述：热量从热处移动至冷处，无序度增加。

起源与发展

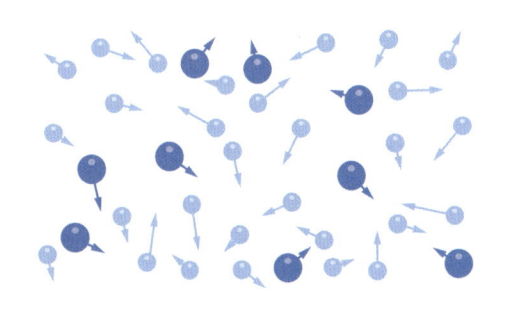

毫不奇怪的是，正是在19世纪蒸汽机推动工业革命的时期，热力学才作为物理学的一个分支而迅速发展起来。热力学向人们更好地解释了热是如何产生的。第一位推动热力学发展的重要人物是法国物理学家萨迪·卡诺（Sadi Carnot），他写了一本书，名为《论火的动力》（*Réflexionssur la Puissance Motrice du Feu*）。尽管卡诺以很快被抛弃的热质说为基础，将热量视为一种流体，但他还是成功揭示了热力学的一些关键方面，最为突出的一条理论是：热机（如蒸汽机）的效率取决于系统热部分和冷部分之间的绝对温度差。他还明确指出，处理一个封闭的系统非常重要——如果有外部影响，这个系统的运作就会改变。

19世纪50年代热力学发展的许多关键人物来自苏格兰，当时苏格兰在工程和应用物理学方面非常活跃。这些关键人物包括工程师威廉·兰金、物理学家詹姆斯·克拉克·麦克斯韦和威廉·汤姆森（开尔文勋爵）。之后德国物理学家鲁道夫·克劳修斯（Rudolf Clausius）和奥地利物理学家路德维希·玻尔兹曼（Ludwig Boltzmann）和他们并肩研究，阐明了热力学的许多基本理论。

其中，麦克斯韦和玻尔兹曼的贡献尤为突出，因为他们明确指出热力学是一门统计学科。当时，关于原子和分子是否存在，学术界还存在着巨大的分歧。麦克斯韦和玻尔兹曼证明了温度取决于气体分子的速率分布，速度更快的分子对应更高的温度。由于存在难以计数的原子，所以这种效应无法得到确切的计算结果，而必须用统计学的方法加以处理。

除了为热力学的运行提供解释，统计学方法还表明，与其他物理定律不同，部分热力学机制只是告诉我们什么是最有可能发生的，而不是描述一种绝对的确定性。

上图左：气体分子的速率分布与温度相对应。
上图右：威廉·兰金（1820—1872）。
下图：詹姆斯·克拉克·麦克斯韦（1831—1879）。

核心理论

定律、温度和熵

> 如果有人指出你的宇宙理论与麦克斯韦方程不符,那么麦克斯韦方程可能有不对的地方;如果你的宇宙理论与观测相矛盾,嗯,观测的人有时也会把事情搞错;但是如果你的理论违背了热力学第二定律,我就敢说你没有指望了,你的理论让你颜面尽失。
>
> 亚瑟·爱丁顿(Arthur Eddington),1927年

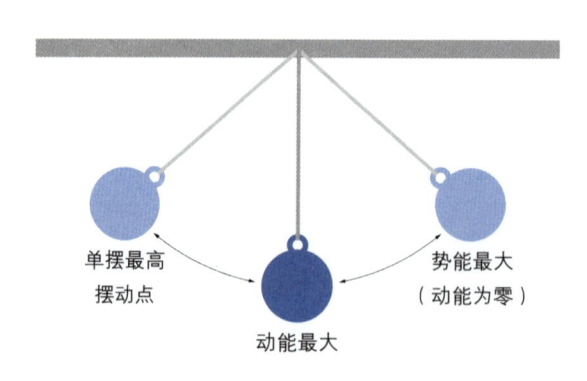

单摆最高摆动点　　动能最大　　势能最大(动能为零)

热力学的核心为四大定律。令人困惑的是,四大定律从第零定律开始,之所以这样命名,是因为热力学第零定律最为基础,但确立得较晚。**第零定律**定义了一个热平衡的概念——仅考虑热量的一个平衡状态。第零定律指出,如果热量可以在两个物体之间流动,但热量的"净流"(net flow)为零,那么这两个物体之间便处于热平衡状态。由于热力学的统计特性,该"净流"部分很重要。两个方向都会有热量流动,但总体而言,第零定律告诉我们,热量流动的平均值为零。

我们已经讨论过**第一定律**。在热力学术语中,第一定律有时被表述为"系统中的能量变化,等于它对外部所做的功(或外部对其所做的功)加上系统发出或吸收的热量"。实际上,除非从外部输入能量或丢失能量,否则一个系统中的能量将保持不变。在孤立系统中,能量永远守恒。

第二定律表述为,在封闭的系统中,热量将从系统的高温部分转移到低温部分,即熵保持不变或增加。熵是系统无序度的度量,形式上可以量化为系统中各组成部分的不同组织方式的数值。如果有一套字母积木,每一个字母都只对应一块积木,将这些积木按字母顺序排列,那么该种情况(按字母顺序排列)的熵很小,因为只有一种构成方式。但是,如果把这些积木弄乱,熵就会增加,因为有很多不同的方法可以造成混乱。从低熵排列到无序排列所需做的功要比反向为

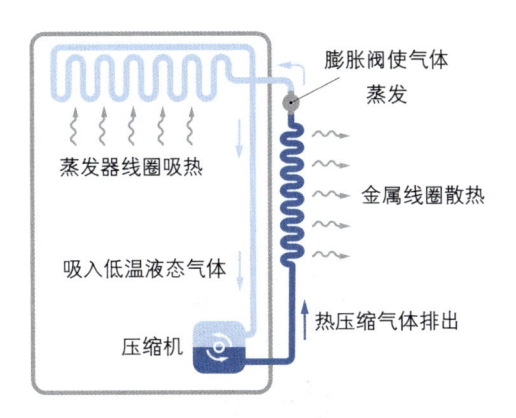

之所需的少。同样的道理也适用于破坏某物，所以第二定律有时被表述成"万物皆有耗损"。

第二定律并非不可逆，因为现实世界中鲜有封闭系统。例如，生命的存在就是地球上熵减小的一个例子。然而，地球并不是一个封闭的系统——难以计数的能量以太阳光的形式从外部涌入。我们大多数人熟悉一个逆转第二定律的典型例子：冰箱。在这个例子里，热量从较冷的地方（冰箱内部）转移到较热的地方（冰箱外的房间）。同样，这是因为能量通过压缩机被泵入了系统。

第三定律指出，不可能通过有限的步骤把物体温度降到绝对零度（0k，-273.15℃或-459.67°F）。绝对零度是已知的最低温度。鉴于温度是原子和分子动能（以及原子内电子的能量）的量度，第三定律告诉我们，存在某个物体处于最低能量的点，但现实中永远无法达到。

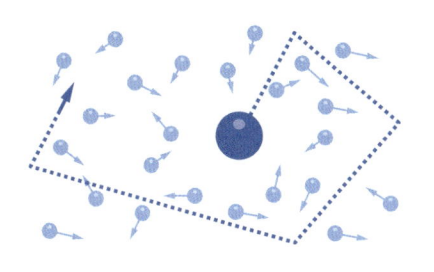

证 据

热力学理论依赖原子的存在。1905年，阿尔伯特·爱因斯坦（Albert Einstein）从理论上不久后又通过实验，证明了原子的存在。20世纪初，第三定律是通过统计法证明的，但当量子力学发展起来时，它明确成为定律。到20世纪30年代，第零定律作为一个长期现实存在的形式化概念而被正式确立。

上页图：单摆演示第一定律，即动能和势能之间的能量转换。
上图：冰箱不是一个封闭的系统，它可以将热量从较冷的地方转移到较热的地方。
下图：爱因斯坦推论，与分子的碰撞会引起小粒子的随机运动。

求同存异

大多数对热力学的批评来自其统计性及其对事实本质的暗示。欧洲主流科学家，既反对原子的存在，也反对这样一种条件：因为第二定律是统计性的，所以会存在某个物体自发地违背该定律。有人认为，这种狂热的反对是导致玻尔兹曼1906年自杀的原因。

最著名的批评是对第二定律本身的批评，它来自热力学的"缔造者"之一麦克斯韦，以一个被称为麦克斯韦妖（Maxwell's demon）的假想实体的形式出现。

麦克斯韦设想了一对装有相同温度的气体的盒子，两个盒子之间有一扇门。当我们说气体的温度相同时，我们指的是气体分子的平均速度——有些更快，有些更慢。麦克斯韦想象了一个微小的"妖"，当分子接近时，它就会打开和关闭门，只让速度快的分子从左盒移动到右盒，让速度慢的分子从右盒移动到左盒。结果，热量会从较冷的一侧流到较热的一侧，熵的水平也会降低，因为当所有较热的分子都在一个盒子里，而所有较冷的分子都在另一个盒子里时，系统将变得有序。而"妖"可以在没有任何能量干预的情况下实现有序分布。

关于"麦克斯韦妖"的争论延续数载，但它仍然出色地说明了第二定律的统计特性。

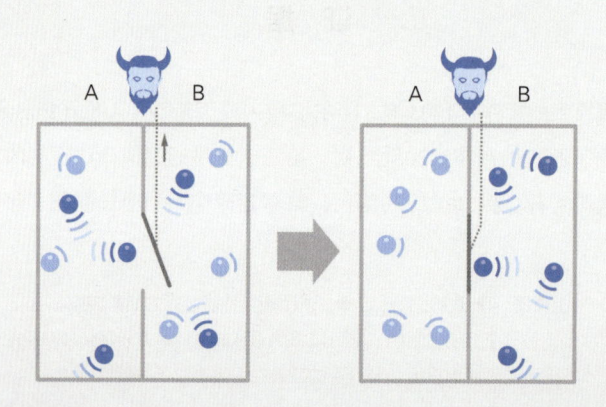

学科价值

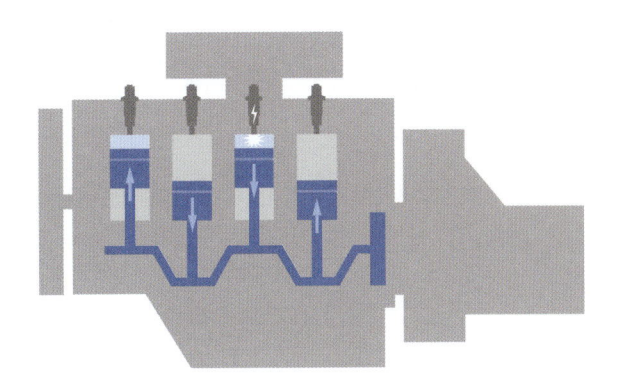

热机对我们的世界极为重要——不再以蒸汽机的形式，而以内燃机和发电的方式。不过，更关键的是第二定律对现实和未来的影响。

一般来说，物理定律是可逆的——它们在时间的两个方向上都同样适用。在大多数物理定律中，没有真正意义上的过去和未来，但热力学第二定律是个例外。熵保持不变或增加的要求提供了一个指向未来的"时间箭头"。有人认为，我们得以迈向未来的认知感很大程度上是由第二定律驱动的。

封闭系统

正如我们所见，人们在自然界未曾发现一个封闭的系统。但是，我们可以将整个宇宙视为一个封闭的系统。这意味着根据第二定律，尽管可能存在局部统计逆转，但随着时间的推移，宇宙的熵会增加。从长远来看，根据第二定律，除非有我们所知的来自宇宙外部的影响，否则最终宇宙中的一切将会耗尽，进入所谓的热寂（heat death）状态，到那时一切能量都不复存在。这种情况可能要过数十亿年才会出现，但这就是第二定律给我们的预测。

上页上图：路德维希·玻尔兹曼（1844—1906）。
上页下图："麦克斯韦妖"开门和关门，分离快慢分子。
上图：内燃机，如燃油车发动机，是一种热力发动机。
下图：道格拉斯·亚当斯（Douglas Adams）的科幻小说《宇宙尽头的餐厅》一景。

未来发展

> 超导磁体用于粒子加速器,如欧洲核子研究中心的大型强子对撞机。

虽然热力学的基础知识已经建立,但其最大的发展前景还是在超低温领域。在接近绝对零度的地方,能量水平非常低,物质的行为开始大不相同。这是量子效应的结果,由于超低温的热力学影响,它才成为可能。

超导体应用研究是一个关键领域。将导电材料降低到足够低的温度,它会失去所有电阻,这意味着没有热量损失,而在通常情况下,电流在通过电线时会有热损失,因此专业的电子应用成为可能。超导性还可以产生更强大的电磁体。超导磁体用于粒子加速器(如日内瓦附近欧洲核子研究中心的大型强子对撞机)、磁共振扫描仪和磁悬浮列车。磁悬浮列车浮在轨道上,速度可以达到560千米/时以上。

一些超低温实验明确利用了"麦克斯韦妖"的效应来操纵热力学第二定律,实现全新的可能。

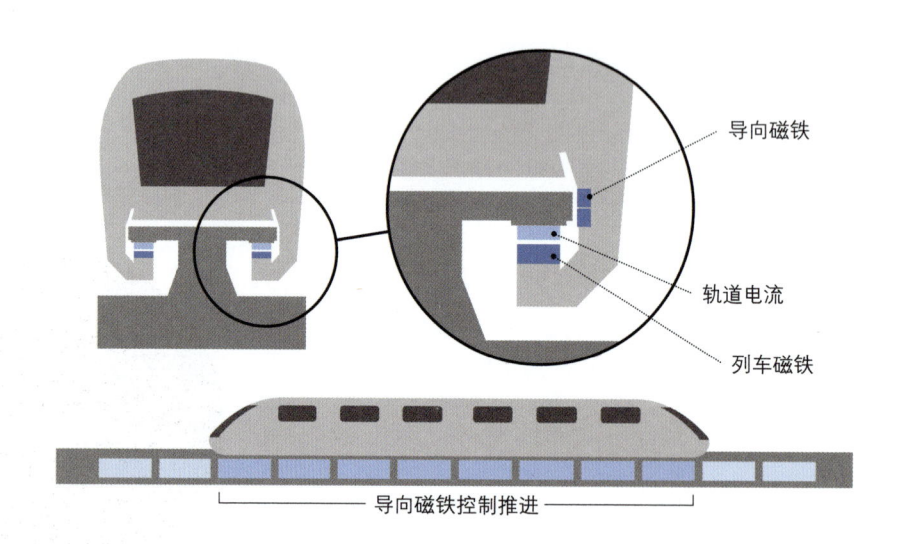

上图:磁悬浮列车使用超导磁体来推进和浮在轨道上。

知识回顾

起源与发展	核心理论	求同存异	学科价值	未来发展
1824年 萨迪·卡诺出版著作《论火的动力》，奠定了热力学的基础。	**热力学第零定律**指出，如果热量可以在两个物体之间流动，但热量的"净流"为零，那么这两个物体之间处于热平衡状态。	早期的反对基于对**原子存在**和第二定律的统计特性的质疑。	在现代世界里，通过热力学理解**热机**，对汽车发动机和发电都必不可少。	接近**绝对零度**的低温物理学，对新技术研发具有重大意义。
19世纪50年代 威廉·兰金、威廉·汤姆森和鲁道夫·克劳修斯的研究，奠定了热力学第一定律和第二定律的基础。	**热力学第一定律**指出，在一个封闭系统内，能量保持守恒。	"麦克斯韦妖"的假想明显违反第二定律，科学家们为此争论了几十年，但"麦克斯韦妖"从根本上证明了第二定律的统计特性是正确的。	第二定律提出了"时间箭头"，是我们理解过去和未来的基础。	
19世纪50—60年代 麦克斯韦和玻尔兹曼提出了热力学的统计特性。	**热力学第二定律**指出，在一个封闭的系统中，热量从高温的物体向低温的物体移动，也可表述为熵保持不变或增加。		假设宇宙是一个封闭的系统，第二定律告诉我们，宇宙将最终耗尽，直至**热寂**，万事皆空。	
1905年 爱因斯坦从理论上证明了原子的存在。	**热力学第三定律**指出，绝对零度不能通过有限的步骤来达到。			
	关于热量和达到超低温的能力的实验，为此提供了证据。			

物理学和宇宙学

经典力学

思想概述

> 任何物体都保持静止或匀速直线运动的状态，直到外力迫使它改变运动状态为止。
>
> 艾萨克·牛顿（Isaac Newton），1687年

- 除非有外力作用于物体，否则物体将保持静止或匀速直线运动状态
- 物体的质量越大，加速所需的力就越大
- 相互作用的两个物体之间的作用力和反作用力总是大小相等，方向相反

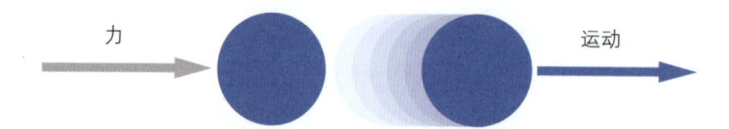

我们很容易把力学看成已经在学校花了大量时间学习的枯燥的物理知识——物体如何运动、力和机械。然而，力学可能是物理学中第一个以科学的方式被认真思考的学科，它是一切事物背后的原理，从最简单的身体活动到如何让飞机持续在空中飞行。我们对力学理解的核心是牛顿运动定律，尽管这些定律需要狭义相对论的修正，但17世纪的版本已经足以应付我们日常生活所需。

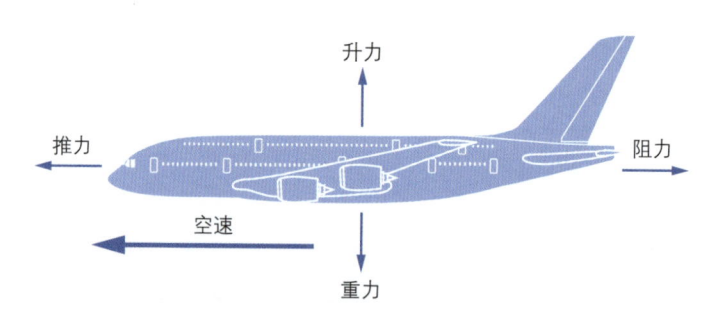

虽然力学有时仅限于运动中的物体,但是将一些简单机械也作为研究对象是有意义的,这些机械自古以来就为人所用,通常用于将相对较小的力转化为较大的力。经典的简单机械包含杠杆、轮轴、滑轮、斜面、楔和螺旋等。

起源与发展

古希腊的力学始于公元前4世纪亚里士多德的著作。亚里士多德设想了两种不同的运动——自然运动和非自然运动。自然运动反映了亚里士多德物理学所基于的元素(土、气、火和水)向宇宙中心移动或远离的趋势。土有最强的向地心移动的趋势,水稍逊一筹,气有远离地心的趋势,火有最强的向外扩张的趋势。非自然运动是指强加在物体上的运动,例如,当我们推动某物时,它就会移动,但亚里士多德认为,物体需要持续的推力才能保持运动。

亚里士多德的理论直至文艺复兴时期才被广泛认可,早期的伊斯兰学者和英国哲学家均对他的机械思想表示质疑。但是,伽利略的出现,使得修正亚里士多德思想的工作取得了重大突破。1638年,伽利略在被软禁后出版了其代表作《关于两门新科学的对话》(*Discourses and Mathematical Demonstrations Relating to Two New Sciences*),其中研究了钟摆运动和物体沿斜面运动的问题。伽利略指出,一个物体向下滚动会加速,而向上滚动时会减速,因此,在平地上,它既不会加速,也不会减速。这似乎是合乎逻辑的,而亚里士多德则认为该物体会自然停止。

1687年,牛顿出版了其关于力学和引力的经典著作《自然哲学的数学原理》(*Philosophiæ Naturalis Principia Mathematica*),伽利略思想在书中得到广泛推崇。这本书通常被称为《原理》,其中包含了牛顿三大运动定律和万有引力定律,建立了一直延续到20世纪的力学的终极图景。

上页上图: 牛顿运动定律。
上页下图: 根据牛顿运动定律,作用在飞行中的飞机上的力。
上图: 亚里士多德(公元前384—公元前322)。
下图: 艾萨克·牛顿(1643—1727)。

核心理论

牛顿运动定律和简单机械

牛顿运动定律简单而有力地描述了物体是如何运动的。在描述这些定律的过程中,牛顿超越了日常生活的局限性。在日常生活中,在摩擦力和空气阻力作用下,物体似乎在自行减速,而牛顿认识到,这种减速是力作用在物体上的结果。牛顿三大运动定律分别为:

1. 除非有力作用于物体上,否则物体将保持静止或匀速直线运动状态;

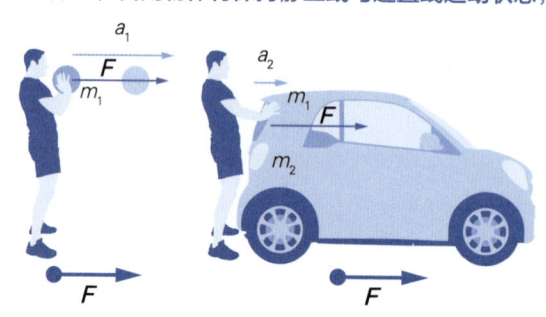

2. 物体加速度的大小跟作用力成正比,跟物体的质量成反比,加速度的方向与作用力的方向相同;

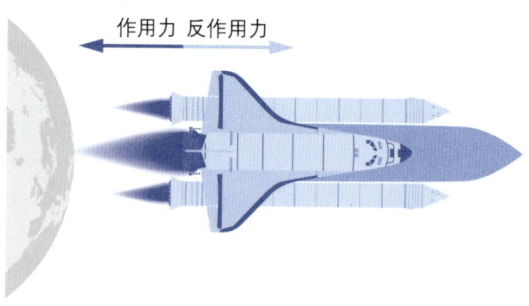

3. 相互作用的两个物体之间的作用力和反作用力总是大小相等,方向相反,且作用在同一条直线上。

与亚里士多德认为物体需要不断地被推动才能保持运动的观点不同，牛顿意识到，物体会以相同的速度保持运动（或保持静止），直到有"东西"作用于它。这个"东西"可能多种多样，例如推力、摩擦力或者重力。物体一旦发生移动，就具有了惯性：它会一直保持移动，直到有"东西"阻止它。虽然牛顿是第一个使用"质量"（mass）一词来描述物体固有物质含量的人（重量与此相对，重量的变化取决于重力的强度），但他在最初的第二定律的陈述中并没有使用这个词。现在，我们更倾向于将此表述为，施加于物体的外力等于该物体的质量乘以该力所产生的加速度，即为 $F = ma$。

牛顿第三定律

第三定律的措辞最不明显，它似乎暗示任何物体都不会发生移动，因为总会存在一个作用力和一个与该力相等且方向相反的反作用力。牛顿认为有必要加上"换句话说，两个物体对彼此的作用力总是大小相等，并且方向相反"这句话，强调作用力和反作用力是在两个不同的物体上的。

当推一个重物时，我们会感受到第三定律所说的有一个力在抵抗我们的推力。当飞机起飞时，这一点尤其明显。发动机的工作原理是将空气从飞机的尾部排出——相反的作用力推动发动机向前移动，并带动飞机飞行。当飞机加速时，座椅被推向人的背部：人会感觉到背部对座椅的反作用力。而机翼让飞机保持在空中的方式，也可以部分归因于第三定律：机翼的形状有助于向下推动空气，从而产生向上推动机翼的反作用力。

当我们使用简单机械时，这些机械反映了力和功之间的简单关系。移动物体所需的功（忽略摩擦力）是所施加的力与物体在力的方向上通过的距离的乘积。机械若需要在较长的距离内做功，就可以增大作用力（它也可以减小作用力，但这是不理想的）。例如，当拉动滑轮时，做功人拉动绳子的距离远大于物体的提升距离，因此可以举起更大的重量。该原理同样适用于其他简单机械（如杠杆）。

证 据

早期的依据来自伽利略的简单实验，他经常以一种可控的方式进行重力实验，比如观察钟摆以及使球滚下斜面。他通过将摩擦力减到最小（如使用冰面）和使用校准装置（如弹簧秤）来测量力的大小，以验证牛顿的运动定律。

上图：伽利略的实验示意图。

求同存异

不可避免地,伽利略的思想遭到了固守亚里士多德思想的人的抵制,正如人们也曾反对从亚里士多德的地心说转向哥白尼的日心说一样。事实上,这两个问题的联系比表面上看要更加紧密。虽然伽利略对运动的研究没有受到来自宗教的异议,但亚里士多德的运动理论与其地心说的宇宙观紧密相连,因为亚里士多德认为,重力是某些元素向宇宙中心运动的趋势。即便如此,伽利略细致的研究成果还是令人难以反驳的。

> 直到现在仍有人批评牛顿的运动定律,认为科学无法解释某一现象是如何成为可能的。

牛顿的思想也遭到了一定程度的反对,但这更多地归结于他的重力研究背后的概念,而非运动定律。直到现在仍有人批评牛顿的运动定律,认为科学无法解释某一现象是如何成为可能的,最著名的一个说法是大黄蜂不应该会飞[2]。实际上,这是一种谬论,而不是一种科学论证。大黄蜂的翅膀不像鸟类的翅膀,而更像直升机的桨叶,其产生的升力比单纯的翅膀扇动产生的升力要强得多。

[2] 20世纪初,科学家认为大黄蜂身体重、翅膀小,从空气动力学角度来判断,它应该飞不起来。

学科价值

> 自然和自然的规律隐藏在茫茫黑夜之中,上帝说:让牛顿降生吧!于是,一片光明。
>
> 亚历山大·蒲柏(Alexander Pope),1727年

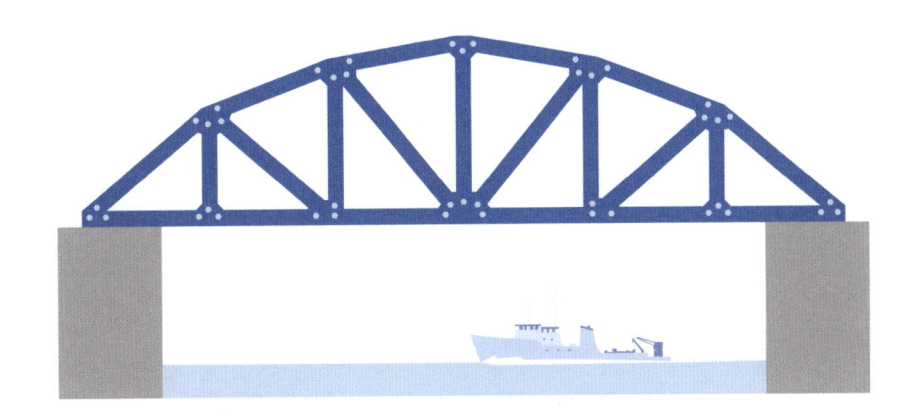

从最早使用工具开始,无论使用斧头还是使用滚轴和轮子,我们一直在利用基础力学。当我们的机械和建筑变得更加复杂时,我们对这一点的理解变得至关重要。虽然早期的发展可以通过不断试错来实现,但现在的我们绝不会在没有弄清其工作原理的情况下建造一座桥或一座建筑物,也不会设计任何类型的机械装置。工程学作为一门学科,是完全基于牛顿运动定律的。

当然,正如上文蒲柏为牛顿写的墓志铭所言,这已不仅仅是一个构建世界的问题。牛顿的运动定律对于理解鸟儿如何飞翔或人类如何将物体抬离地面一样有意义。宇宙中几乎所有的物质都在运动,并与周围的其他物质相互作用,牛顿运动定律让我们对这些运动和相互作用是如何发生的有了清晰的认识。

上页图:大黄蜂翅膀的工作原理与鸟类的翅膀不同,但仍然遵守牛顿运动定律。
上图:了解桥梁的受力情况,对桥梁的安全至关重要。

未来发展

袋鼠曾经被认为违反了牛顿的第二定律，因为它们产生的加速度似乎超过了它们摄入能量所允许的范围。

几百年来，力学的基本原理并没有发生巨大的变化，理由很充分——它们没有过时。只有当物体以极高的速度运动时，牛顿运动定律才会失去其精确性，这时爱因斯坦的狭义相对论就可以取而代之。狭义相对论是牛顿运动定律的修正，它考虑到光的特殊性，以及对时间和空间相对性的影响——这就需要对牛顿运动定律的结果进行一些修改。

人们往往会发现，在现象明显违背牛顿运动定律的方面，反而可以继续填补理解的空白。举例来说，袋鼠曾经被认为违反了牛顿的第二定律，因为它们产生的加速度似乎超过了它们摄入能量所允许的范围。但研究发现，袋鼠与其他动物的差异在于，它们就像皮球，着陆时会吸收一些能量，用于加速离开地面，而体内储存的能量消耗却少得多。

上图：尽管袋鼠消耗的能量看起来比它们摄入的要多，但这并没有违反牛顿运动定律。

知识回顾

起源与发展	核心理论	求同存异	学科价值	未来发展
公元前4世纪 亚里士多德认为，物体有向其自然位置移动的趋势，并且需要一个推力才能保持运动。 **1638年** 伽利略出版《关于两门新科学的对话》。在这本书中，他研究了钟摆和物体从斜面上滚落的运动，并反驳了亚里士多德的观点。 **1687年** 牛顿出版其经典著作《自然哲学的数学原理》，其中描述了他的运动定律和万有引力定律。	**牛顿第一定律**指出，物体保持静止或匀速直线运动，除非有力作用于它。 **牛顿第二定律**指出，物体的加速度与所受的力成正比，与其质量成反比，即 $F = ma$。 **牛顿第三定律**指出，每个作用力都有一个与其大小相等且方向相反的反作用力。 **简单机械**通过缩短作用力的距离来放大作用力。	伽利略受到固守**亚里士多德思想**的人的抵制。 有人称，科学无法解释**大黄蜂**如何飞行，但这是一种谬论。	许多**工具、机器、建筑物和桥梁**的设计都依赖牛顿运动定律。 牛顿运动定律是**工程学**的核心。 理解**自然物质**的运行原理也需要牛顿运动定律。	基本原理不会改变，但是当物体移动速度极快时，牛顿运动定律必须用爱因斯坦的**狭义相对论**来修正。 我们继续填补空白，例如，**袋鼠**在运动中消耗的能量比摄入的多。

物理学和宇宙学

电磁学

思想概述

> 电一直被描述得如此神奇美妙，但它和自然界的其他力一样。
>
> 迈克尔·法拉第（Michael Faraday），1858年

电磁结合了电和磁的特征，可以说是自然界最普遍的力，尽管它在日常生活中的作用并不明显。正如宇航员所证实的那样，在引力弱得多的环境下，我们也能生存，但如果没有电磁，我们大概率将不复存在。

存在于电线和磁铁表面的电磁仅为冰山一角。是电磁将原子固定在一起，并将原子结合成分子；是电磁使我们能坐在椅子上……所有使生命得以实现的生物过程的背后，都有电磁效应——无论是直接的电效应，还是从根本上说是电磁的化学作用。

光也是一种电磁效应。光子在带电物体之间携带电磁力，而太阳光使我们看到一切，并充分温暖地球，使生命成为可能，太阳光就是纯粹的电磁能。

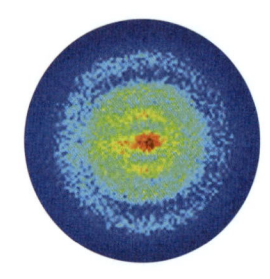

上图左：灯泡中的电流加热灯丝，从而产生光。
上图中：氢原子的原子结构，氢原子通过电磁力结合在一起。
上图右：磁铁吸引金属的能力是电磁力作用的另一个例子。

起源与发展

人们早已知晓静电,"电子"和"电"这两个词源自希腊语中"琥珀"一词,因为琥珀在摩擦时会产生电荷。类似地,早在4700多年前,古埃及人就有关于电鱼的记载。到了18世纪,电以其电击和吸附轻小物体的能力,成为一种大众娱乐。自然哲学家对电磁与自然的关系更感兴趣,其中最著名的是美国政治家本杰明·富兰克林(Benjamin Franklin),他在18世纪40年代对这一课题进行了广泛的研究,包括进行了著名的风筝实验(尽管人们认为这可能不是他本人亲自操作的)。

磁 铁

人们对磁铁也越来越感兴趣。1600年,英国科学家威廉·吉尔伯特(William Gilbert)首先对磁铁进行了科学研究。起初,人们对电和磁这两个概念有些混淆,但到了19世纪,它们被认为是电磁学领域中相互作用的两个部分。

电磁学的关键发展包括:1800年意大利科学家亚历山德罗·伏打(Alessandro Volta)发明了电池;1821年,英国科学家迈克尔·法拉第将丹麦科学家汉斯·厄斯特(Hans Ørsted)和法国科学家安德烈·玛丽·安培(André-Marie Ampère)的研究整合在一起,发明了电动机,并建立了电场和磁场——电磁源周围的有效覆盖空间——的基本概念,其数值随时间和位置的变化而变化。法拉第的想法最终由苏格兰物理学家麦克斯韦建立,麦克斯韦提供了用于解释电场和磁场相互作用的计算方法,他在1864年意识到应该有可能通过磁场来发送电磁波,并计算得出了电磁波以光速传播。

量子力学改变了电磁理论,人们认识到,尽管电磁波表现得好像是一种波,但它是由一股被称为光子的微粒组成的。量子电动力学(QED)是通过量子理论理解电磁学的杰出成果,1965年,美国物理学家理查德·费曼和朱利安·施温格(Julian Schwinger)以及日本物理学家朝永振一郎(Sin-Itiro Tomonaga)通过对QED的研究贡献获得了诺贝尔物理学奖。

> 量子力学改变了电磁理论,人们认识到,尽管它表现得好像是一种波,但它是由一股称为光子的微粒组成的。

上图:电鳗(严格来说,不能称其为鳗鱼)提供了早期的自然电实例之一。
下图:迈克尔·法拉第(1791—1867)。

核心理论

方程、波和粒子

> 上帝在星期一、星期三和星期五用波动学说来解释电磁学，魔鬼则在星期二、星期四和星期六用量子理论来解释。
>
> 威廉·劳伦斯·布拉格（William Lawrence Bragg），1978年

与引力不同，电磁力兼具吸引和排斥两种功能。带电物体之间产生的电磁力比引力强大得多。我们认为引力很强，因为我们生活在地球这样一个非常大的重力源上。但是请思考一下冰箱贴这个物品。巨大的地球引力都无法使它从冰箱上掉下来。支撑冰箱贴的只有微小的磁铁的电磁力，电磁力胜出。

我们在日常生活中体验到的很多电磁效应，都源自原子的电磁性质。每个原子都有一个带正电荷的原子核，原子核周围的空间中有一个或多个带负电荷的电子，这些电子被电磁力固定在各自适当的位置上。电子在大多数现代技术中发挥着重要作用，因为无论是电源插座还是电脑的内部处理器，都是依赖电子在电线中流动从而构成电流来工作的。

移动的电产生磁力，而移动的磁铁则产生电，这就是电磁铁、发电机和电动机的工作原理。也就是说，电场水平的变化会产生变化的磁场，从而产生电磁波。

上图：电动机中电和磁的相互作用。
下图：电磁光谱，包括窄范围的可见光。
下页图：显示电场（蓝色）和磁场（灰色）水平变化的电磁波。

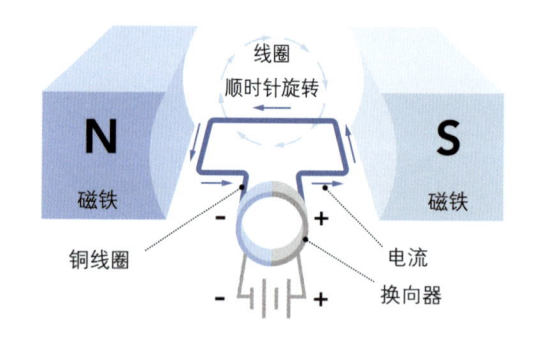

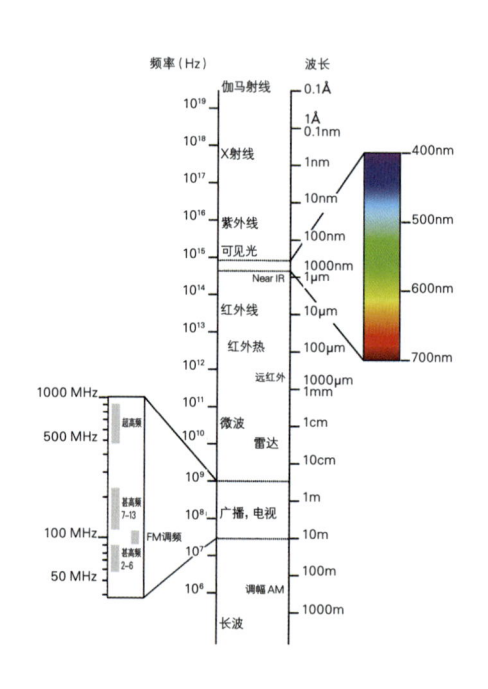

电磁波的频谱很广，从无线电、微波、红外线，到可见光、紫外线、X射线和伽马射线，其中我们最熟悉的是可见光，大致位于电磁波谱的中心。比如，光与无线电或X射线是完全一样的，唯一不同的是它所携带的能量，作为一种波，这反映在它的波长（波长越短，能量越大）或频率（频率越高，能量越大）上。

麦克斯韦方程组

麦克斯韦提出了一系列方程，准确地描述了电和磁的相互关系。麦克斯韦最初的方程组涉及20个独立的公式，但英国物理学家奥利弗·亥维赛（Oliver Heaviside）将其简化为4个非常简单的方程组，精确地描述了电磁的功能。

几千年来，人类一直在猜测光的本质。尽管牛顿认为光是由一种被称为微粒（corpuscles）的粒子流组成的，但同时代的荷兰物理学家克里斯蒂安·惠更斯（Christiaan Huygens）认为光是以波的形式向前推移的。早在19世纪初，英国科学家托马斯·杨就已经证明了这一点，光波和水中的波一样会相互干扰。在杨氏干涉实验（又称为杨氏双缝干涉实验）中，如果波在横纵叠加时在同一方向上振荡，则波会放大，而在相反方向上振荡则会互相抵消。但是，量子理论的发展使人们清楚地认识到，光是由被称为光子的粒子流所构成的，尽管量子力学也证实了它们会产生类似于波的行为。

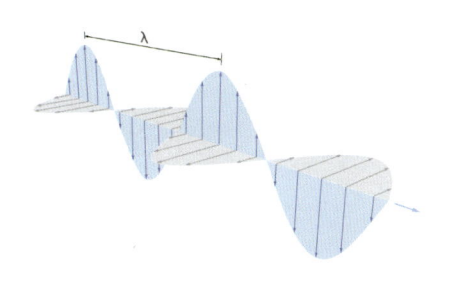

> 几千年来，人类一直在猜测光的本质。

证 据

19世纪，研究人员进行了许多实验，证明了电和磁之间的关系，麦克斯韦的数学方法使电磁效应的量化成为可能，并预测了电磁波的存在。麦克斯韦估算，电磁波的传播速度约为310700千米/秒——当时对光速的最佳估值是314850千米/秒，这肯定不是巧合。

光的量子特性的提出，来源于所谓的黑体（black bodies），黑体吸收各种频率的电磁波而产生意想不到的光谱。1905年爱因斯坦对光电效应的解释也印证了这一概念，他凭此获得了1921年的诺贝尔物理学奖。现代科技也让生成单个光子成为可能。

求同存异

> 从人类历史的长远角度来看，比如说从现在起的一万年以内看，毫无疑问，19世纪最举足轻重的事件为麦克斯韦发现了电动力学定律。
>
> 理查德·费曼

18世纪，人们对电的"流体性质"争论不休——电的运动方式与管道内的液体颇为相似，因此，从管道工程学中衍生出许多电学术语。比如，我们会说"电流"，英国人称真空管为"阀门"。[3] 有意思的是，当人们擅自判断电流流向时，他们猜错了——电子的实际流动方向是相反的。最初有人认为，正电荷和负电荷是两种不同类型的流体。

当麦克斯韦提出他的方程组时，物理学还只是一门实验科学。当时许多著名的物理学家，包括威廉·汤姆森和迈克尔·法拉第，都无法理解麦克斯韦基于纯数学思考角度的研究。但麦克斯韦的方法塑造了物理学的未来，正如理查德·费曼所说："从人类历史的长远角度来看，比如说从现在起的一万年以内看，毫无疑问，19世纪最举足轻重的事件为麦克斯韦发现了电动力学定律。"

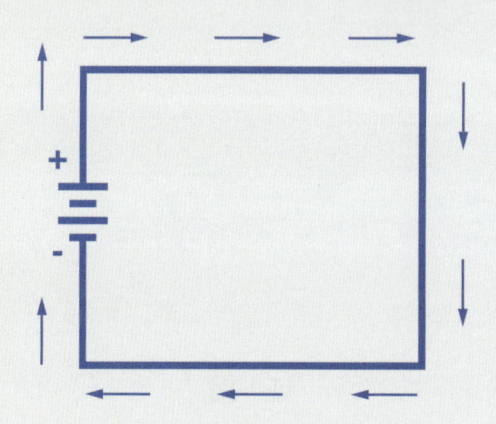

上图：按传统认知，电流从正极流向负极，但实际上电子朝反方向流动。

下页上图：电力是现代科技的重要驱动力。

下页下图：电磁波将太阳能带到地球上，为地球加热和照明。

3 流（current）和英式英语中的阀门（valve）都是管道工程学中的名词，被借鉴到了电磁学中。——译者注

学科价值

　　电磁力作为自然界四种基本力之一（其他三种是引力、强核力和弱核力），是我们生存的核心。没有电磁力，物质无法通过非常微弱的引力与其他物质进行相互作用（物质就不会以其现在的形式存在，因为是电磁把原子结合在一起的）。

　　电磁也是光产生的原因，光既使我们看见万物，也携带太阳能，将地球加热到一定温度，使生命得以存在。而化学和电化学的电磁反应几乎是生物体内发生的一切的原因。

　　然而，电磁学自然的一面只是开始。19世纪，在蒸汽拉开了工业革命的序幕之后，电力把工业革命推向了新高度。20世纪50年代以来，蓬勃发展的电气设备和电子学，促成了我们现在的生活。

　　电和磁被认为是如此的神奇，以至于人们认为它们会以某种方式提供医疗救治——时至今日，依然有人坚持佩戴磁力手镯等。但维多利亚时代的人无法预料的是，从诊断设备到X光机和高科技扫描仪，现代电气和电子技术将对医学产生巨大的影响。

　　从各方面来看，我们都居住在一个电磁世界里。

未来发展

19世纪末以来，电和磁的基础原理已经建立了起来，不过我们仍在围绕特殊材料进行探索，包括原子厚度的石墨烯、已知的最佳导电体，以及在极低的温度下物体排斥磁场从而使磁体悬浮在其表面之上等。

> 40多年来，计算机一直遵循"摩尔定律"，即计算机处理器的元件个数（实际上是功率）每两年增加一倍。

这一领域的发展主要是在电子学方面。40多年来，计算机一直遵循"摩尔定律"，即计算机处理器的元件个数（实际上是功率）每两年增加一倍。但我们正在逼近物理极限，这意味着需要新的材料和方法，如启用量子计算机。

我们发现，从化石燃料转向电力作为主要能源正面临巨大压力，这意味着发电技术特别是太阳能发电和风能发电将继续发展。我们还发现，电能传输的需求距离越来越远，促使人们从目前的高压交流（AC）配电（AC改变电压相对容易）转向研究高压直流（DC）配电（传输过程中损失的能量更少）的潜力。

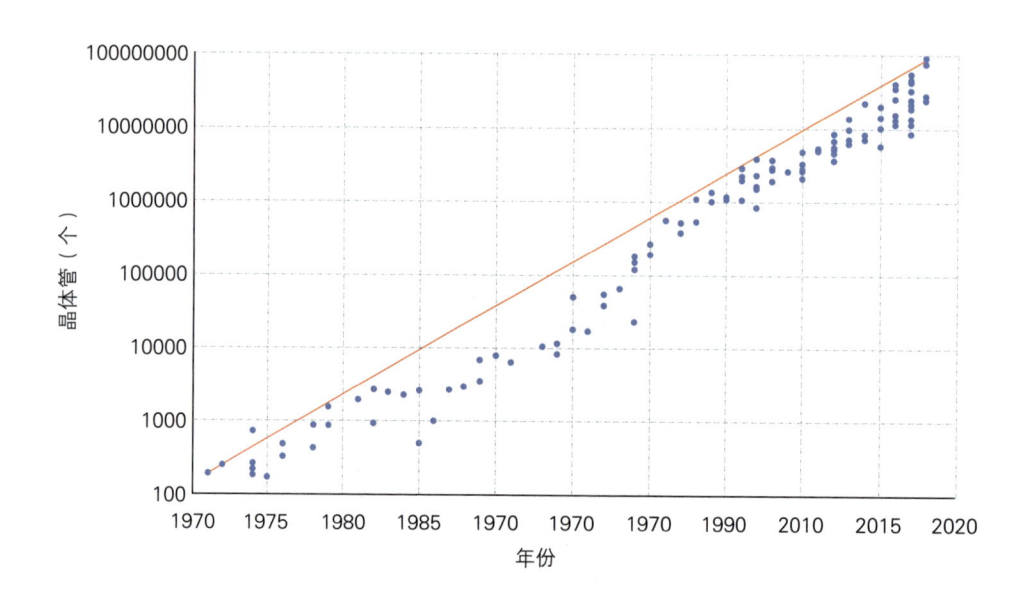

上图： 摩尔定律，表明（至今）计算机功能不断提高。

知识回顾

起源与发展	核心理论	求同存异	学科价值	未来发展
人们对静电和磁力的认识已有**数千年**的历史。	电磁力远强于**引力**，产生电荷/磁极。	18世纪的科学家们对电的"**流体性质**"进行了讨论，并错误描述了**电流方向**。	电磁力是自然界**四种基本力**之一。	**石墨烯**等新材料正在为新电子技术的发展带来革命性的变化。
1600年 威廉·吉尔伯特写了一本关于磁铁和电的书，名为《论磁石》。	**原子**被电磁力结合在一起，而运动的电子形成电流。	当麦克斯韦提出电磁学的**数学描述**时，大多数物理学家无法理解，因为他们是**实验主义者**。	电磁使**物体之间相互作用**，使物质**存在**成为可能。	诸如**量子计算**等新方法正在为电子学的未来创造新的可能性。
18世纪40年代 富兰克林进行了许多实验，包括著名的风筝实验。	相互作用的电场和磁场会产生从无线电到伽马射线（包括**可见光**）的整个频谱的**电磁波**。		电磁也是**光**的成因，如果没有光，我们就看不见万物。**太阳给我们带来热量**，使生命成为可能。	我们的主要能源从化石燃料转向电力，这种变化正在推动**发电技术**，特别是太阳能和风能发电的发展，而通过**高压直流电**进行远距离配电正变得可行。
1800年 亚历山德罗·伏打发明了电池。	尽管光的行为类似于**波**，但它是由被称为光子的**粒子流**组成的。		电磁将**工业革命**推向了新的高度：没有**电子学和电气设备**，现代生活将完全不同。	
19世纪中叶 汉斯·厄斯特、安德烈·玛丽·安培以及迈克尔·法拉第等物理学家建立了电场和磁场的基本概念。	麦克斯韦的方程组能够预测电磁波的速度——与**光速**相同。			
19世纪60年代 麦克斯韦提出电磁场方程组和光理论。	爱因斯坦对**光电效应**的解释是光子存在的有力证据。			

光　学

思想概述

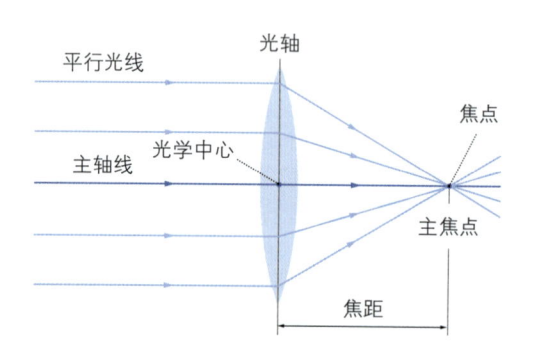

平行光线　光轴　光学中心　焦点　主轴线　主焦点　焦距

> 从过去的研究中还可以看出，太阳光的白色是由不同颜色的光复合而成的，当它们因其不同的反射性而彼此分离时，它们就会在纸或任何其他白色物体上显现出颜色。

光是视觉必不可少的元素，它携带着太阳能，使地球万物得以生存。光学是研究光的行为和性质的物理学科，从眼镜到智能手机的摄像头，光学在日常生活中发挥着重要作用。我们看到的光的颜色，对应着不同的光子能量。白光是光谱中各种颜色的光的混合，这些颜色的光可以被棱镜或雨滴分离出来，进而形成彩虹。

原子起源

原子吸收或反射特定颜色的光，这些光对应着将原子中的电子推到更高能级所需的能量。也就是说，当白光落在物体上时，有些颜色的光被吸收，有些颜色的光被重新反射。未被吸收的颜色的光定义了物体的颜色。例如，一个红苹果吸收了除红色光以外的其他颜色的光。光速在任何介质中都是一个固定值（在真空中约为299792千米/秒）：这是自然界的一个关键常数。

起源与发展

光最初是与火联系在一起的：公元前5世纪的古希腊哲学家恩培多克勒（Empedocles）认为，人眼射出的"火"照向物体使其被看到，而阳光只是充当了视觉的促进剂。这种理论持续了1000多年，到了10世纪末，伊斯兰学者们想象出一幅更为现实的图景，即光来自太阳，像球从墙上反弹一样从物体上反弹，然后到达眼睛，从而产生视觉的效果。

其中一个关键人物是哈桑·伊本·海什木（Hasan Ibn al-Haytham），约1020年，他撰写了一篇关于光学的文章。除了修正之前光从眼睛发出的模型，他还根据古希腊数学家欧几里得关于光束沿直线传播的思想，绘制出了光线在撞击平面镜和曲面镜时的详细路线示意图。海什木还研究了折射——光从一种介质传入另一种介质时会如何弯曲，并用它来估算大气层的厚度。在随后的几个世纪里，欧洲的许多新兴大学继续研究光学，而接下来的一个重大突破来自牛顿的研究。他的第一项研究的灵感来自使用的棱镜。约1670年，牛顿指出，彩虹中的颜色都可以在白光中呈现，而不是当时认为的由棱镜产生。

> 光最初是与火联系在一起的：公元前5世纪的古希腊哲学家恩培多克勒认为，人眼射出的"火"，照向物体使其被看到，而阳光只是充当了视觉的促进剂。

光 速

几个世纪以来，关于光速的争论从未停止，有些人认为光会瞬时从一个地方到达另一个地方，而另一些人则认为它的速度是有限的。1676年，丹麦天文学家奥勒·罗默（Ole Rømer）在追踪木星卫星时偶然发现，光有一个可被测量的速度。根据罗默的测量，光速约为220000千米/秒，这个数字后来被修正到约299792千米/秒。

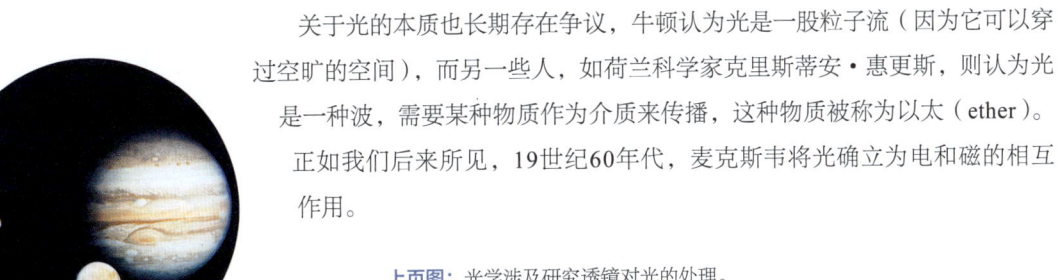

关于光的本质也长期存在争议，牛顿认为光是一股粒子流（因为它可以穿过空旷的空间），而另一些人，如荷兰科学家克里斯蒂安·惠更斯，则认为光是一种波，需要某种物质作为介质来传播，这种物质被称为以太（ether）。正如我们后来所见，19世纪60年代，麦克斯韦将光确立为电和磁的相互作用。

上页图：光学涉及研究透镜对光的处理。
上图：恩培多克勒（公元前490—公元前430）。
下图：木星卫星运动时间的变化，为测量光速提供了条件。

核心理论

电磁辐射、颜色和速度

> 我想强调的是,光是以粒子的形式存在的。知道光的行为像粒子非常重要,特别是对于你们这些受过教育的人来说,因为学校里教导你们光的行为像波一样。但我会告诉你它像粒子一样。
>
> 理查德·费曼,1985年

如前所述,光是粒子流形式的电磁辐射,不过由于其量子性质,它表现得像波一样。我们能识别的彩虹光谱,只是整个电磁光谱中心的一小块区域。来自太阳的白光在通过合适形状的介质时,由于折射作用,可以分散成彩虹色。光从一种介质传递到另一种介质时,会发生弯曲,但弯曲的角度因颜色的不同而不同,这意味着颜色会分开。

感知颜色

我们对光的颜色的感知方式取决于眼睛的工作机制。我们的眼睛有三种视锥细胞,每种均覆盖一段光能(波长),对应的光的三原色是红、绿、蓝。这些颜色可以在不同的层次上进行混合,以产生可感知的任意颜色,其中部分颜色(如品红色或棕色)不在光谱范围内。

当光照射到物体表面时,单个光子会被原子吸收。光子的能量将原子的一个外层电子推向更高的能级。其中一些电子会回落,重新发出光子。正是那些重新发出的光子的颜色,确立了我们所看到的那个物体的颜色,因为这些颜色是减去部分光线的结果。颜料混合在一起,产生了基于品红、青色和黄色的其他颜色。这三种色是印刷中真正使用的颜色,与学校里经常教的"三原色"很接近。

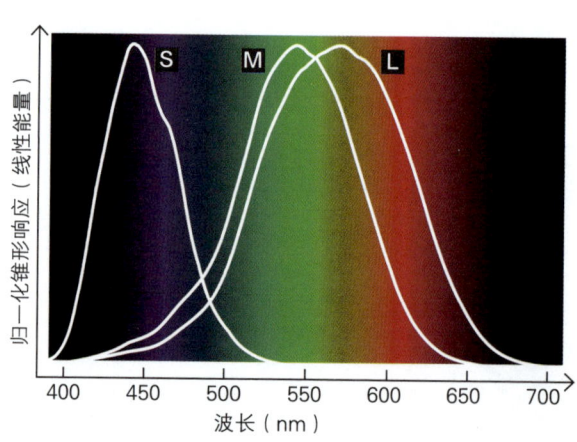

我们用来聚焦光线的透镜形状特殊，光线从空气传到玻璃，再从玻璃传回空气时，会发生折射——光线发生适当的弯曲并聚集在同一焦点上。普通的玻璃会将不同的颜色弯曲到不同的程度，但现代的透镜通常形状特殊，会避免这种扭曲效果。

折 射

发生折射的原因是，光线在不同的材料中以不同的速度传播，光线传播的路径遵循费马原理（Fermat's principle），有时也被称为救生员原理（Baywatch principle）。当救生员冲去救溺水者时，他们不会直线入水，而会在海滩周围移动，因为在陆地上可以跑得更快，然后改变入水角度。同样，光也会采用最省时的路径进行传播。

光在真空中传播速度最快——它在真空中的传播速度约为299792千米/秒，而现在，1米的定义即为光在 $\frac{1}{299792458}$ 秒内在真空中传播的距离。光速是宇宙中最快的速度——没有什么能比光传播得更快。当我们仰望星空的时候，我们看到的是过去的星空，因为光在以一个有限速度向前传播。

证 据

牛顿的实验证明了彩虹的颜色是在白光中产生的，而不是由棱镜产生的。实验中，牛顿将一种单一颜色从一个棱镜反射到第二个棱镜，他发现，穿过第二个棱镜后，颜色不受玻璃中固有杂质的影响，没有发生变化。苏格兰科学家麦克斯韦利用"色轮"（colour wheel）——一个放有多张不同颜色的纸张的旋转圆盘，通过白光照射使混合颜色在视网膜上成像，证明了光的三原色是红色、绿色和蓝色。在罗默之后，人们通过高速旋转的齿轮和反射镜来测量光速，而现在，人们利用激光束之间的干涉图样来确定光速。

上页左图：光的三原色红、绿、蓝，组合成可见光。
上页右图：人眼中的三种视锥细胞分别对光谱的不同部分做出反应。
上图："救生员原理"——如果能以高速穿越更多的路线，则走更长的路线会更快。
下图：麦克斯韦（1831—1879）。

求同存异

值得注意的是，在19世纪下半叶，关于光的三原色是红、绿、蓝的观点仍存在争议。1870年，在麦克斯韦发表其研究成果15年后，非科学家们仍对三原色争论不休。

在有能力测量光速之前，人们关于光速也是争论不断的。光速显然快得不可思议。雷电就是一个很好的例子——我们听到雷声的时间总是比看到闪电的时间晚几秒钟。有些人坚信光可以从A点瞬移到B点，法国哲学家勒内·笛卡儿（René Descartes）就是其中一员。他认为，这实际上是对眼球的一种压力，光通过弥漫整个空间的隐形的以太来传播。他想象这就像推动坚硬的物体的一端，其另一端就会瞬间移动（事实上，推力是以波的形式在一个物体内传递的，而不是瞬间到达的）。

> 有些人坚信光可以瞬间从A点到达B点，法国哲学家勒内·笛卡儿就是其中一员。

一直以来都有人怀疑光速是否存在极限，这源于爱因斯坦的相对论。他们指出，像灯塔那样发出的四处扫射的光束的末端，其移动速度可以超过光速，并且宇宙学家认为，宇宙的膨胀速度已经超过了光速。然而，这个极限只适用于在空间中运动的物理物体。这是那些想建造"曲速引擎"（warp drive）的人的希望，他们希望可以通过某种方式在宇宙飞船周围形成曲速场，从而冲破光速障碍。

上图： 灯塔光束的末端可以比光速更快的速度扫掠。

学科价值

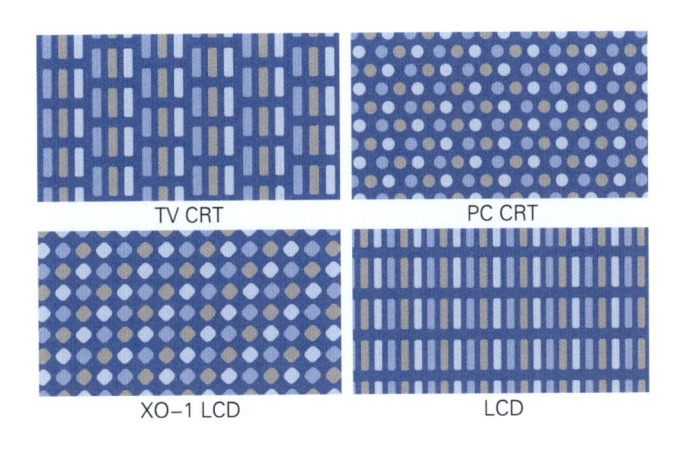

TV CRT

PC CRT

XO-1 LCD

LCD

> 早期光学发展的原因之一是它在矫正视力方面的价值——眼镜可以追溯到约13世纪。

正如我们在电磁学中所看到的，光使我们能够看见万物，并携带太阳能，从而使我们的星球达到可居住的温度。了解不同颜色如何在眼球中混合是早期研究色盲的重点问题，色盲通常涉及眼球中的一种或多种感光细胞失灵。然而到了现代，光学变得更为重要。

每当我们使用带有彩色屏幕的设备（电视、电脑、手机）时，屏幕就如麦克斯韦演示的那样，使用红、蓝、绿的不同混合来产生整个色段。同样，现代彩色打印机也运用了二次色[品红、青色和黄色（以及黑色）]的混合效果。

早期光学发展的原因之一是它在矫正视力方面的价值——眼镜可以追溯到约13世纪。从17世纪开始，随着显微镜和望远镜的发展，这些使用透镜和反光镜的光学设备一直在帮助我们更好地观察周围的世界和宇宙。正是光（与电磁辐射的其他能量一起）使我们能够探索宇宙并回望过去，这要归功于光的有限速度。

上图：屏幕上红、绿、蓝三色像素进行组合，产生完整的色彩范围。

未来发展

近年来，我们的"造光"能力在不断向前迈进，特别是从白炽灯到发光二极管（LED）的转变。对于相关类型的激光光源的潜力，我们还只停留在表面探索阶段。1960年，人们根据爱因斯坦的理论，构建了关于激光的第一个例子。

激光与太阳、蜡烛或灯泡等传统光源有很大不同，因为激光产生的光具有相干性。这意味着它们产生的所有光子都具有相同的能量并且相位一致。把光看作波，波的波长相同，并且频率一致。这样的结果是，光可以远距离传输而不受损，并且能够聚集能量进行专业切割加工。

> 人们已经可以生产出特殊的透镜，能够达到普通透镜在物理上不可能达到的放大倍数。

目前，大多数光学系统依赖于几百年前就已经为人熟知的器件：透镜和反射镜。但是，目前存在一种新型纯量子设备，它通过其他设备不可能实现的方式操纵光。例如，人们已经可以生产出特殊的透镜，能够达到普通透镜在物理上不可能达到的放大倍数；还有特殊的材料可以弯曲物体周围的光线，形成一个小型的隐形装置。

上图：激光可以远距离传输而不受损。

知识回顾

物理学和宇宙学

起源与发展	核心理论	求同存异	学科价值	未来发展
公元前5世纪 恩培多克勒认为，光是来自我们眼睛的火，使我们能够看到万物。	**光是一股光子流**，由于其量子性质，它的行为像波。	19世纪，许多非科学家**拒绝接受**红色、绿色和蓝色为三原色。	光使我们能够**看见万物**，并携带来自太阳的能量来温暖地球。	我们在不断改进光源，例如，从白炽灯到**发光二极管**的转变。
1020年 海什木使用了一个正确的光源模型，该模型显示了光线从物体反射到眼睛。他绘制了反射镜的光线图，并利用折射来估计大气层的厚度。	**白光包含了彩虹的所有颜色**，当不同的颜色被棱镜折射到不同的角度时，这些颜色便可以分离出来。	笛卡儿等人认为，光是**瞬间传播**的，就像推动坚硬的物体的一端，另一端就会瞬间移动。	任何带有**彩色屏幕**的设备都需要混合使用三原色：红色、绿色和蓝色。	**激光**为我们提供了一种全新的光源，其新的用途还在不断被发现。
1670年 牛顿证明，白光包含彩虹的所有颜色。	光的**三原色**是**红、绿、蓝**，所有其他的颜色都可以用三原色组合产生。	很多人试图找到突破**光速极限**的方法，大多是基于扭曲空间的方法，因为光速极限只针对通过空间。	光学在使用**眼镜矫正视力方面**有着悠久的历史。	新的**量子光学**可以原本不可能的方式弯曲光线，创造出**超级透镜和隐形装置**。
1676年 奥勒·罗默测量出了光速（无意间）。	传向物体的光被部分吸收，能量被重新发射，从而定义了物体的颜色。这样就形成了**品红、青色和黄色三种二次色**。		利用透镜和反射镜的光学一直以来都是天文学、显微镜学的核心。	
1690年 克里斯蒂安·惠更斯提出了光的波动理论。	透镜能使光线弯曲，并在某一点上聚焦。这种效果是由于光在不同材料中以不同速度传播而产生的**折射**导致的。		有限的光速使我们有机会研究宇宙的**历史**，因为我们看得越远，看到的时间越早。	
19世纪60年代 麦克斯韦提出了光的电磁理论。	光在真空中的传播速度约为**299792千米/秒**，是任何东西在太空中传播的最快速度。			

量子理论

思想概述

> 以常识看，量子力学把自然界描述成一个荒诞之物，但是它完全符合实验。所以，我希望你能够接受这个自然界的本来面目——荒诞。
>
> 理查德·费曼，1985年

量子理论描述了宇宙如何在原子、亚原子和光子尺度上运行。我们周围的大部分世界是由这些粒子组成的，然而，量子力学似乎有悖常理，因为在这个尺度上，现实与我们的日常经验有着根本的不同。量子理论取决于以下三个简单的概念。

量子：实体的基础构成不是连续变化的，而是以被称为量子的块为单位的。这一看似微小的认知变化所带来的影响是巨大的。

概率：在量子革命之前，人们认为如果拥有完整的信息，就能准确地预测未来。但是，量子力学明确指出，对于量子粒子来说，未来是一个概率问题。这些概率是可以计算的，但在结果发生之前，未来永远无法确定。

叠加：因为量子粒子的状态受概率驱动，所以在被观测之前，粒子处于随机状态，每种状态都有特定的概率，这种情况被称为叠加。

上图：对于量子粒子来说，未来是一个概率问题。
下页上图：马克斯·普朗克（1858—1947）。
下页中图：阿尔伯特·爱因斯坦（1879—1955）。
下页下图：当电子的能级下降时，原子以光子的形式释放出能量。

起源与发展

1900年，德国物理学家马克斯·普朗克（Max Planck）试图解释"紫外灾变"（ultraviolet catastrophe）。物质发出的电磁辐射随温度的变化而变化。例如，当我们加热一块金属时，金属会先发出红光，然后发出黄光，最后发出白光。

理论预测，在室温下，物体应该发出强烈的紫外线。普朗克通过假设光由被称为量子的小块组成，使理论与观察到的实际颜色相匹配。他并不相信量子的存在，但认为其有助于计算。

爱因斯坦

5年后，年轻的德国物理学家爱因斯坦正在瑞士专利局担任职员，他假设量子为真，从而解释了另一个奇怪的现象。当光照在某些金属上时，由于光的能量将金属原子中的电子击出，所以金属中产生了电流。如果光是一种如当时所想的连续的波，那么只要光足够亮，任何颜色的光应该都能使这种现象发生。但事实上，只有蓝光等高能光能做到这一点。爱因斯坦意识到，这表明光确实由普朗克所说的量子组成，而非连续波。光量子（light quanta）后来被称为光子（photons）。

尼尔斯·玻尔

1913年，年轻的丹麦物理学家尼尔斯·玻尔（Niels Bohr）用爱因斯坦的理论，解释了不同的原子在被加热时如何发出特定颜色的光（并从经过的光中吸收相同的颜色）。玻尔一直试图理解原子的结构——他曾考虑过这样一种可能性，即它们就像新西兰物理学家欧内斯特·卢瑟福（Ernest Rutherford）假设的那样，是一个微型太阳系，电子围绕着原子核运转。然而，这样的原子会崩塌，因为轨道电子会发出光，并螺旋状进入原子核。玻尔设想的是，电子分布在原子核周围的固定路径上，它们所能接收或发出的能量是量子化的，而不是连续的。然后它们只能进行固定"大小"的跳跃，即所谓的量子跃迁（quantum leaps），并发出特定颜色的光子，这与实验发现的完全一致。

普朗克、爱因斯坦、玻尔等科学家的探索为20世纪20年代的量子理论奠定了基础，为微观世界提供了有力而令人叹服的解释。

核心理论

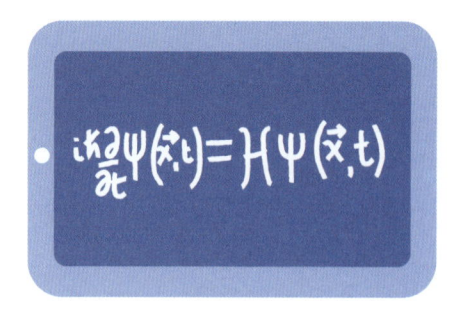

$$i\hbar \frac{\partial}{\partial t}\Psi(\vec{x},t) = H\Psi(\vec{x},t)$$

量子力学、量子电动力学（QED）与诠释

在最初的基础上，量子理论得到了扩展。新理论的核心是埃尔温·薛定谔（Erwin Schrödinger）方程，该方程描述了量子系统的状态如何随时间演化。量子系统是一个或多个量子粒子，其状态则描述了这些粒子的所有属性，如它们的位置、动量、自旋等。根据这一理论，量子系统并不具有所有精确值，而是所有可能值的叠加，每个值的概率由薛定谔方程描述。

不确定性原理

量子理论的一个重要意义就是不确定性原理（uncertainty principle）。这说明，量子系统成对的属性是密不可分的，其中一对就是位置和动量。不确定性原理告诉我们，我们对其中一个的了解越准确，对另一个的把握就越小。举例来说，如果我们知道一个粒子的确切位置，那么我们将完全不能确定它的动量。另一对重要的属性是能量和时间。如果我们取一个非常狭窄的时间窗口，那么量子系统中的能量即使在真空中，也是变化无常的。因为能量和物质可以互换，这就意味着新的粒子可以突然出现或消失。

量子纠缠和QED

量子理论的另一个重要意义是量子纠缠。量子纠缠告诉我们，在同一系统下，有可能有两个

上图：薛定谔方程描述了量子系统如何随时间演化。
下页上图：量子力学解释了为什么当暗条缺失时，镜子会以意想不到的角度反射。
下页下图：多世界诠释（many worlds interpretation）表明，每当一个量子粒子与周围的世界互动时，宇宙就会分裂。

实际反射

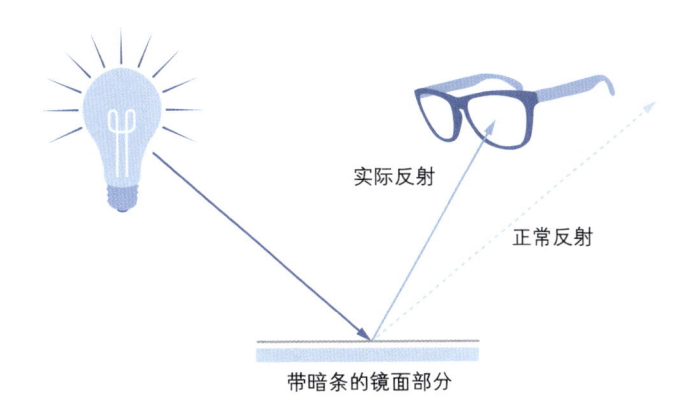

正常反射

带暗条的镜面部分

或两个以上的量子粒子同处于一种特殊状态，即使它们分开任何距离。一个粒子的变化会立即反映在另一个粒子上，无论它们相距多远。

量子力学最重要的方面也许是QED，它描述了量子粒子如何相互作用。QED表明，表面上简单的相互作用（例如镜子中的反射）具有欺骗性。当光线从镜子反射时，它不会以平滑的反射角反射。相反，光子有可能走各种可能的路径，包括以荒谬的角度反射——通常非传统的路径会互相抵消。但是，去掉部分镜面，忽略某些被取消的路径，会出现意想不到的反射角度。

量子理论的独特之处在于它具有多种诠释。实际发生的事情可以由数学清楚预测，但数学无法解释事情为什么会发生。维尔纳·海森堡等许多物理学家坚持一种被称为哥本哈根诠释（Copenhagen interpretation）的基本诠释。根据哥本哈根诠释，在衡量事物之前，我们无法知道发生了什么——所有的存在都是概率。这通常被表达为"闭嘴，去计算！"（shut up and calculate!）。

> 实际发生的事情可以由数学清楚预测，但数学无法解释事情为什么会发生。

另一些人则希望在量子现象下面有一些可描述的东西，但提供诠释本身就很怪异。因此，举例来说，有一种诠释，即"多世界诠释"认为，每当一个量子粒子与周围的世界互动时，宇宙就会分裂，这样所有可能的结果都会发生——我们在这些分裂中只经历了其中一条路径。另一种诠释，即"玻姆诠释"（Bohm interpretation）认为，每个粒子都有一个相关的"先导"（pilot）波来引导它。在这里，概率反映了一个潜在的（但不可及的）现实。这样做的代价是，宇宙中的每一个粒子都必须不断地与其他粒子相互联系。

证 据

20世纪20年代以来,许多实验证实了量子理论;每一个现代电子设备都提供了佐证,因为它们的设计均基于量子力学。支持该理论的早期实验是19世纪设计的双缝实验,该实验证明了光是一种波。光线通过两个狭窄的缝隙,照射到远处的屏幕上,其产生的结果不是两个明亮的区域,而是一系列明亮条纹与暗淡条纹相间的图样。这可以用一种被称为干涉(interference)的过程来解释,干涉是两束波相互作用产生的波效应。

实验表明,即使单个量子粒子(例如电子或光子)一次通过一条狭缝,条纹仍会形成。如果粒子有明确的位置,那么它们在通过一条狭缝时,就不能产生干涉。但相反,由于只有概率波存在,所以这些粒子会通过两条狭缝并产生干涉条纹。

> 这就是所谓的量子隧穿……
> 因为它,我们才得以生存。

其他实验表明量子粒子能够通过势垒。由于量子粒子没有明确的位置,因此有一种可能性,即一个靠近势垒的粒子可能在势垒的另一边而没有穿过势垒。这就是量子隧穿(quantum tunnelling)的概念。它不仅可以得到证明(闪存的工作原理),而且如果没有这样的隧穿效应,太阳就无法运转。因为它,我们才得以生存。

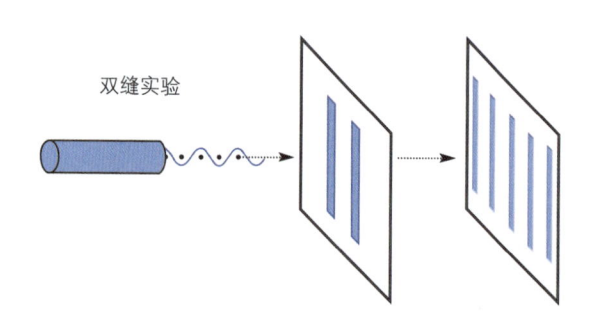

双缝实验

上图: 如果没有量子隧穿效应,太阳就无法运转,就无法产生让我们得以生存的能量。
下图: 即使单个量子粒子一次穿过一条狭缝,双狭缝中的条纹仍会逐渐形成。

求同存异

爱因斯坦虽然是量子力学的创始人之一，但他也是量子力学最严厉的批评者。他反复寻找这个理论的缺陷，他对其概率基础尤其感到不满，因此他曾说过，上帝不会掷骰子。他给朋友写信说："如果是这样（上帝掷骰子）的话，我宁可做一个鞋匠，甚至在赌场打工，也不愿意做一名物理学家。"

另一个概率结果的反对者是埃尔温·薛定谔，他提出了"薛定谔的猫"思想实验来证明量子理论的怪异。放射性粒子衰变所需的时间取决于概率。薛定谔设想把一只猫放在一个封闭的盒子里，盒子里装有放射性粒子、探测器和一瓶氰化物，当粒子发生衰变时，氰化物就会释放出来。盒子是封闭的。经过一段时间后，粒子处于衰变和不衰变的叠加状态。在打开盒子之前，猫是否既活又死？实际上，粒子和探测器之间的相互作用会导致"退相干"（decoherence），即粒子失去叠加，呈现出这一种或另一种状态。所有的实验证据都支持量子理论的工作原理，但"薛定谔的猫"思想实验仍然很有趣。

学科价值

量子力学使我们能够以非凡的准确度预测量子粒子的行为，在这一方面，它表现得非常优秀。正如量子力学家费曼所观察到的，它是现存最精确的理论，使我们能够将现实中纽约到洛杉矶的距离的精确度匹配到预测头发的宽度的精确度上。

在这两者之间，量子理论和广义相对论改变了我们对宇宙作为一个整体如何运作的理解，从极小到极大。这些理论取代了大多数早期的物理理论（仍在学校讲授），而采用了更接近实际观察的方法。

但是，广义相对论与量子理论之间存在很大差异。广义相对论没有什么实际用途，而量子理论却是现代科技的核心。据估计，发达国家35%的GDP依赖基于量子理论的产品。如果没有对量子世界的理解，所有的电子学和很多现代光学都无法发展。激光和磁共振成像仪等现代设备本质上都是量子的。我们生活在一个量子时代。

> 广义相对论没有什么实际用途，而量子理论却是现代科技的核心。

未来发展

虽然我们拥有这么多以量子理论为核心的电子设备，但未来依然可期。目前正在研发的量子计算机，并未使用数值为0或1的位，而是使用"量子比特"（qubits），它可以是0和1之间的任何数值，并且可以同时进行多位计算，从而使一台功能齐全的量子计算机得以进行传统计算机在任何时候都不可能实现的计算。

> 量子纠缠被用来产生不可破解的加密。

量子纠缠被用来产生不可破解的加密，并在量子隐形传态中产生类似于《星际迷航》中运输机的小规模传输体。而量子光学则采用新的方法来操纵光子，展示了如何制造出威力惊人的透镜和小尺寸隐形斗篷。

在理论层面，量子理论与广义相对论之间存在着根本性的脱节。两者是不相容的：广义相对论假设宇宙是连续的，而量子理论暗示宇宙是颗粒状的。从爱因斯坦时代起，物理学家们就一直在寻找将量子力学和广义相对论结合起来的方法。最佳的支持理论——弦理论，存在重大问题，正在失去公信力。这个问题可能永远无法解决，或者需要一个全新的理论，将一切都纳入同一个"万物理论"之下。

上图：广义相对论在星系尺度上非常准确，但迄今为止，它与量子理论尚不相容。

知识回顾

起源与发展	核心理论	求同存异	学科价值	未来发展
1900年 马克斯·普朗克提出光由被称为量子的小块组成的想法，以解决"紫外灾变"。	**量子**：物理量以最小的不可分割的"量子"的形式出现。	**爱因斯坦**，量子理论的缔造者之一，从未被其"诡异"的本质说服。他认为，量子属性背后必然存在隐藏的信息，而不仅仅是概率。	它是物理学中最**基本的理论**，解释了光和物质的基本构件如何运作以及相互作用。	物理学的两大理论——广义相对论和量子理论，从**根本上是矛盾的**。这是一个至关重要的科学问题。
1905年 爱因斯坦通过假设普朗克关于量子的想法为真，解释了光电效应。	**薛定谔方程**：量子粒子的性质在被测量之前只能用概率波来描述。		它表明，自然界的所有事件都是**概率性**的。我们的宇宙完全不是经典力学所设想的"发条宇宙"。	尽管诸如**弦理论**之类的理论试图将广义相对论与量子理论相结合，但目前还没有一种理论令人满意。有人认为，其中一个或两个最终必将被取代，我们将拥有一个成功的"万物理论"。
1913年 玻尔发表了有关原子量子结构的论文。	**不确定性原理**：成对的量子属性（例如位置和动量）是联系在一起的，因此对其中一个测量得越准确，对另一个就越不能准确地获知。	**薛定谔**，第二代量子力学家中的佼佼者，从未满足于哥本哈根诠释，提出了著名的"薛定谔的猫"思想实验来说明原因。	所有现代**电子技术**都基于量子理论。如果没有量子力学，一些现代设备，如激光器和磁共振成像仪甚至无法想象。	
1926年 薛定谔发表论文，论文中结合他的方程描述了量子的概率属性。	**量子纠缠**：量子粒子可以这样一种方式彼此联系，即一个粒子的变化会立即反映在另一个粒子上，无论它们相隔多远。			**量子加密、量子计算和量子光学**等新的量子技术很可能在未来产生重大突破。
1928年 维尔纳·海森堡提出不确定性原理，把成对的量子特性联系起来。	**QED**：当光和物质相互作用时，我们必须考虑具有不同概率的每条可能路径，从而产生意想不到的结果。			
	诠释：最普遍的理解是，在测量之前，量子的属性值只存在概率，直到测量发生且发现一个具体的值为止。哥本哈根诠释有很多"竞争者"，其中包括"多世界诠释"，即量子粒子每次相互作用时，宇宙都会分裂，以及玻姆诠释，即粒子受到一种特殊的波引导。			
	证据：许多实验证明了量子理论在描述自然方面的有效性。所有现代电子技术都取决于我们对量子的理解。			

物理学和宇宙学

相对论：时间和空间

思想概述

> 尽管时间、空间、位置和运动对每个人来说都很熟悉，但必须注意的是，这些都是普遍参照感官感知的对象来衡量确定的。
>
> 牛顿，1687年

> 爱因斯坦认为，无论如何移动光束，光始终以相同的速度传播。

基本相对论是一种常识。如果说有物体在运动，我们必须要问"相对于什么？"。如果此时的你正坐在椅子上读这段话，那你并未发生运动——相对于椅子而言。但是，你正在随着地球以约30千米/秒的速度相对于太阳运动。相对论告诉我们，当我们在一辆平稳行驶的汽车里时，如果不看外面的世界，我们就无法发现这种运动。这也意味着，如果两辆车以50千米/时的速度（相对于道路）相向而行，则它们的相对速度是100千米/时。

爱因斯坦的狭义相对论则更进一步。因为光在任何介质中只能以特定的速度存在，所以爱因斯坦提出，无论如何移动光束，它始终以相同的速度传播。从这个简单的观察结果来看，时间和空间交织于一处。穿越太空会导致时间变慢、质量增加、长度减小。爱因斯坦还推导出$E=mc^2$，明确了能量E和质量m的关系（c是光速）。

起源与发展

基本相对论通常被称为伽利略相对性原理,因为伽利略第一次明确指出,如果身处一艘以稳定速度行驶的密闭船上,将无法感知到运动,他还在他的《关于两门新科学的对话》中讨论了相对论。据说有一次,伽利略在一艘横渡皮埃迪卢科湖的、快速滑行的船上,将朋友家的钥匙高高抛向空中,结果让朋友震惊不已。朋友差点跳进水里,他以为钥匙会被快速行驶的船落在后面,但事实上,钥匙直接掉到了伽利略的膝盖上。虽然船相对于水是移动的,但它相对于钥匙却是静止的。

> 据说有一次,伽利略在一艘横渡皮埃迪卢科湖的、快速滑行的船上,将朋友家的钥匙高高抛向空中,结果让朋友震惊不已。

狭义相对论

爱因斯坦的狭义相对论出自1905年他发表的4篇主要论文之一。荷兰物理学家亨德里克·洛伦兹(Hendrik Lorentz)和爱尔兰物理学家乔治·菲茨杰拉德(George FitzGerald)等人也曾研究过这个主题,但爱因斯坦用一篇杰出的论文把所有概念结合在一起。

虽然相对论经常被认为复杂难懂,但这主要归因于爱因斯坦在该主题上的第2个成就——广义相对论,其是在万有引力的基础上提出的。

在狭义相对论发表几个月后,爱因斯坦写下了第2篇论文。这篇论文篇幅不长,却利用狭义相对论推导出了质能方程,即 $E = mc^2$。当时他认为这不过是一个有趣的怪现象,但广义相对论对核武器的工作原理和对宇宙早期演化的认识都产生了重大影响。

上页图:狭义相对论意味着时间的流逝是相对的,而不是绝对的。
上图:在对狭义相对论的一个小扩展中,爱因斯坦建立了使核武器成为可能的方程。

核心理论

相对运动、光速和时空

> 相对论赋予了量级一个绝对意义，而在经典理论中，这个量级只有一个相对意义：光速。
>
> 马克斯·普朗克，1947年

人类经过漫长的时间才接受地球并非静止存在于宇宙中心这一观点，这是因为，常识告诉我们，如果地球是运动的，那我们肯定会感受到。伽利略相对性原理虽然合乎逻辑，但我们不会立即有所启发，因为我们实践的大多数运动是相对于地球而言的：在某种意义上，这种运动是绝对的。

相对运动

然而，相对运动是我们面临的现实。想象你处于孤立的宇宙中——没有别的任何东西。你在运动吗？很难说，因为没有任何东西来衡量你是否运动。在这个宇宙中，不存在物理学家所谓的绝对"参照系"——可以据此判断你是否运动的标准。我们只是习惯性地认为地球如此之大，如此不容忽视，以至于它表现得像一个实用的局部"参照系"。

爱因斯坦进一步指出，麦克斯韦已经证明，光是由电场和磁场之间的相互作用产生的，只能以一定的速度传递。在通常情况下，如果我们和一个移动的物体并肩而行，相对于我们自身而言，那个物体并没有移动。但如果光也是如此，那么只要你一动，光就不存在了。因此，爱因斯

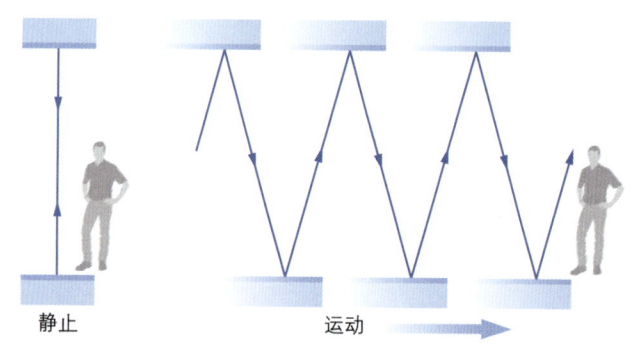

上图：从移动的飞船外部观察，光的传播距离比从飞船内的静止位置看到的更远。

下页图：宇宙射线中的 μ 子传播速度非常快，时间对它们来说肉眼可见得缓慢。

坦认为，光总是以相同的速度传播。

利用一个光子钟的简单例子就可以说明，光的这种效应意味着时间和空间不是绝对的。想象一下，我们在观察一个在宇宙飞船上高速远离我们的光钟，我们会看到光是以对角线的方式从一面镜子传到另一面镜子的。我们发现它的传播距离比船上的人看到的更远。由于光总是以相同的速度传播，所以从我们的角度来看，唯一的可能性是时间在船上运行得更慢，虽然船上的人不会注意到这一点。

> 利用一个光子钟的简单例子就可以说明，光的这种效应意味着时间和空间不是绝对的。

同样，从我们的角度来看，船在行驶方向上会受到压缩，质量也会增加。当船速接近光速时，船的质量将接近无穷大。因此我们可以推断，任何有质量的物体都不可能达到光速。狭义相对论还表明，讨论在空间分隔的不同位置同时发生的事件并没有意义，因为如果观察者在运动，相对时间就会发生变化。狭义相对论摆脱了空间和时间的独立概念，提供了一个统一的概念，即时空（spacetime）。

爱因斯坦对其原论文的扩展表明，以恒定速度运动的物体如果发出光，其动能就会减少。由于动能仅取决于质量和速度，因此动能减少意味着质量损失，爱因斯坦将其计算为E/c^2。因此，尽管它从未出现在爱因斯坦的论文中，但它也等价为$E=mc^2$。

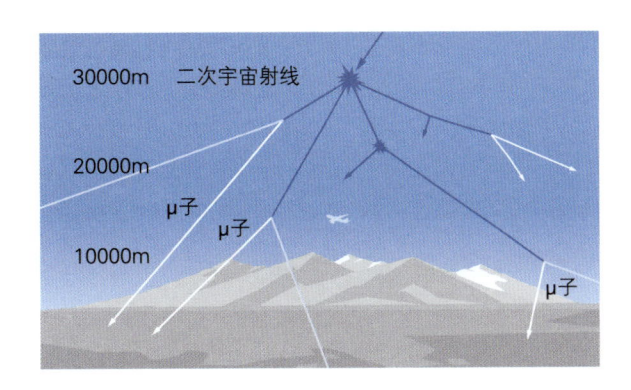

证　据

伽利略相对性原理很容易用简单的设备来证明——伽利略本人建议在一艘没有窗户的稳定运行的船内进行实验，船上无法探测到任何运动。当我们思考地球与宇宙其他部分的相对运动时，我们也会得出这样的结论。

狭义相对论虽然来源于理论上的思考，但结论是毋庸置疑的。1905年以来，狭义相对论经历过多次检验，已被证明为真。例如，当被称为μ子的不稳定粒子以光速级别的速度从太空进入地球大气层后，其在衰变之前的时间比其本应存在的时间长得多，因为从地球表面来观察，它们的时间运行得比较慢。

求同存异

伽利略相对性原理几乎没有遇到来自科学界的什么阻力,然而,牛顿坚持认为,绝对的空间和时间是存在的。牛顿认为的绝对时间是天文时间(astronomical time),而绝对空间则是一个想象中的固定宇宙框架。牛顿用一个旋转的水桶举例,似乎可以演示绝对空间。用牛顿的话说,水"中间低,边缘高",即使水最后达到和水桶一样的转速,水和水桶相对静止,水面也依旧呈凹状。牛顿认为旋转是相对于一个绝对空间的。

> 令人惊讶的是,爱因斯坦的狭义相对论几乎没有受到批评。

当然,地球是一个影响因素,但牛顿的话不无道理。毕竟,如果有物体在空间中旋转,旋转中的物体会感觉到一种力量将其拉向外部——有人认为这是产生人造重力的手段。但是,宇宙飞船相对于什么旋转呢?所有来自实验的证据都表明,时空是相对的,但这仍然是一个谜团,有些人认为旋转是相对于整个宇宙而言的。

令人惊讶的是,爱因斯坦的狭义相对论几乎没有受到批评,不过直到1917年他加入了广义相对论,他的相对论理论才得到广泛认可——他因为在量子理论方面的研究而获得了诺贝尔物理学奖。

学科价值

狭义相对论的基本原理只有在物体相对运动速度非常快的时候才有意义。

当我们研究运动物体的相互作用时，伽利略相对性原理非常重要。车祸是一个明显的例子，在车祸中，重要的是相对速度。同样，在飞机上飞行时，需要考虑两种速度。空中速度——相对于空气的速度，是指飞机在空中稳定飞行的速度。这是飞机倾向于迎风起飞的原因，这样可以使飞机相对于空气的移动速度更快，增加升力，缩短起飞距离。不过，要想知道飞机何时到达目的地，地面速度必不可少。

狭义相对论的基本原理只有在物体相对运动速度非常快的时候才有意义——在那之前，牛顿运动定律完全成立。然而，无论是在太空中还是在粒子加速器中，研究快速运动的粒子都很重要。狭义相对论最重要的方面是 $E = mc^2$，它对核物理具有实际意义，对理解能量和物质的相互作用也有理论意义。狭义相对论也是广义相对论的出发点，广义相对论引进了加速度，加深了我们对引力的理解。

上页图：未来的宇宙飞船可能会有一个旋转部分来产生人造重力。
上图：正面碰撞的相对速度是两个单独速度的总和。

未来发展

$E = mc^2$最有潜力的应用是在聚变反应堆中。这些聚变反应堆采用与太阳相同的工作原理——将较轻的元素融合在一起,产生较重的元素。如果将融合的单个粒子的质量加起来,质量和会略大于最终产生的元素——在融合过程中,有质量被转化为能量。(这有点复杂,因为原子的质量本身主要来自能量,但不管怎样,都涉及$E = mc^2$。)

实验性聚变反应堆已经建造了50多年,但我们距离其在能源生产方面的应用可能仍有几十年。聚变反应堆是绿色环保的,在能源生产过程中不会释放温室气体,也不会产生传统裂变反应堆的高放射性核废料。在一个不再使用化石燃料的世界里,聚变反应堆可能是能源需求补充和平衡可再生能源所必需的。更令人向往的是,狭义相对论说,运动会使时间变慢,我们最终可能拥有足够快的宇宙飞船,踏上通往未来的重要旅程。唯一的问题是,飞船将无法返回,因为回到过去的时间旅行要困难得多。

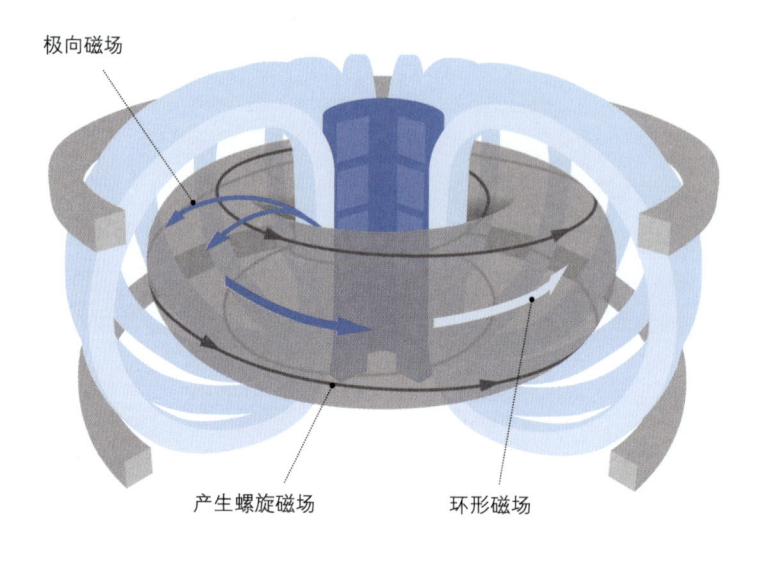

上图: 托卡马克(tokamak),又称环磁机,是聚变反应堆的常用设计。

知识回顾

物理学和宇宙学

起源与发展	核心理论	求同存异	学科价值	未来发展
1638年 伽利略撰写《关于两门新科学的对话》，其中包含相对论的概念。他指出，当我们说某个物体在运动时，我们必须问：相对于什么？ **1687年** 牛顿的代表作《自然哲学的数学原理》出版。尽管这本书主要涉及相对空间和时间，但牛顿也论证了绝对空间和时间。 **1905年** 爱因斯坦在洛伦兹和菲茨杰拉德的研究的基础上，提出了狭义相对论。 **1905年** 这一年的晚些时候，爱因斯坦又发表了一篇论文，从狭义相对论推导出了 $E=mc^2$。	根据伽利略相对性原理，所有的**运动都是相对的**，没有绝对的"参照系"。 爱因斯坦补充说，**光速必然是恒定的**（在同一介质中），无论采用什么"参照系"。 爱因斯坦的研究成果证明，时间和空间是联系在一起的，而不是绝对的。当物体运动时，其**时间变慢，质量增加**，并且**沿运动方向收缩**。 狭义相对论的一个含义是，空间分隔的不同位置上的事件似乎同时发生，而对一个运动的观察者来说，这些事件**不是同时发生的**。 狭义相对论的一个简单扩展指出，**质量和能量是等价的**。	尽管牛顿主要研究相对空间和时间，但他也相信存在一个绝对的时空，并以**旋转的水桶实验**来证明这一点。 狭义相对论**没有受到广泛的批评**，但它也没有得到广泛的认同，直到**广义相对论**的加入。	伽利略相对性原理对理解**相对运动**很重要，例如两车相撞和飞机在流动的空气中飞行。 当物体以**极高的速度**运动时，狭义相对论变得非常重要，例如在**粒子加速器**中。 狭义相对论也是解释引力的**广义相对论**的**出发点**。 $E=mc^2$ 对于核物理学的理论和实际应用都具有重大意义。	**聚变反应堆**通过将原子核融合在一起，同时使原子损失质量来产生能量，对于绿色能源的未来发展非常重要。 若有足够快的宇宙飞船，通往未来的旅程将成为可能。

万物的组成：力与粒子

思想概述

> 人们会发现，万物都取决于物质粒子的相互作用力，而事实上，一切自然现象都是从这些力中产生的。
>
> 鲁杰尔·博斯科维奇（Roger Boscovich），1758年

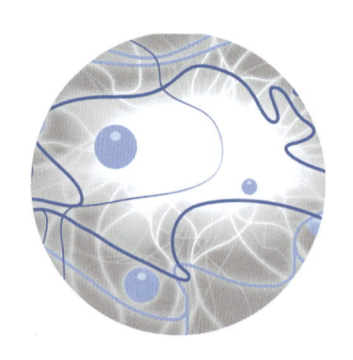

四种基本力

一切现实的基本组成部分是力和粒子。在粒子物理学的标准模型中，粒子分为两类：费米子和玻色子。费米子是一种物质粒子——就是某种"东西"（stuff）。玻色子则负责物质粒子之间的相互作用——它们被称为力载体，因为它们在费米子之间移动，并承载自然力。

我们已经认识了光子携带的电磁力。还有两种力作用于原子核：强核力使原子核的组成粒子保持在一起，而弱核力则参与核反应。强核力由被称为胶子的玻色子携带，而弱核力则需要三种玻色子：Z玻色子和分别带正负电荷的W玻色子。

还有一种力，是一个单独的力，我们将分开研究，它就是引力。如果把引力纳入量子力学的范畴，它的玻色子就是引力子（graviton），但目前还没有理论可以做如此解释。还有最后一种粒子——希格斯玻色子（Higgs boson），希格斯场中的干扰，赋予其他粒子以质量。另外两个概念——暗物质和暗能量，将在后文单独介绍。

起源与发展

物质由粒子构成的思想可以追溯到公元前5世纪后期的古希腊哲学家留基伯（Leucippus）和德谟克利特（Democritus）。他们认为，物质由不可分割的粒子构成。这是合乎逻辑的：将某物切成越来越小的碎片，最终总有一块最小的碎片无法被切开。"原子"（atom）这一名字就来自希腊语中"不可切割"（atomos）一词。然而，这一早期的原子理论遭到了亚里士多德的质疑，最终亚里士多德获得胜利，在此后2000多年的时间里，原子论被贬为少数派概念。

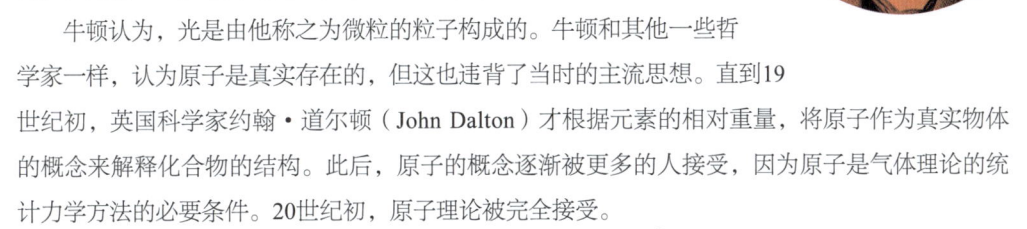

牛顿认为，光是由他称之为微粒的粒子构成的。牛顿和其他一些哲学家一样，认为原子是真实存在的，但这也违背了当时的主流思想。直到19世纪初，英国科学家约翰·道尔顿（John Dalton）才根据元素的相对重量，将原子作为真实物体的概念来解释化合物的结构。此后，原子的概念逐渐被更多的人接受，因为原子是气体理论的统计力学方法的必要条件。20世纪初，原子理论被完全接受。

> 牛顿认为，光是由他称之为微粒的粒子构成的。牛顿和其他一些哲学家一样，认为原子是真实存在的，但这也违背了当时的主流思想。

20世纪初，原子被证明具有结构，原子包含其他更小的粒子。首先，英国物理学家J. J. 汤姆逊（J. J. Thomson）发现了由原子发出的电子。不久之后，新西兰物理学家欧内斯特·卢瑟福（Ernest Rutherford）在由其领导的实验中，发现原子的内部有一个小而重的中心部分，他按照生物细胞中心部分的名称将它命名为"原子核"。

当前的粒子物理学的标准模型是在20世纪逐渐发展起来的，电磁力和引力都是由弱核力和强核力共同作用的。粒子物理学标准模型的最后一块"拼图"（到目前为止）——希格斯玻色子，在20世纪60年代得到了理论预测，2012年，它的存在得到了实验证实。

上页图： 玻色子携带的力比把物质粒子结合在一起的力大。
上图： 欧内斯特·卢瑟福（1871—1937）。
下图： 约翰·道尔顿（1766—1844）。

核心理论

标准模型和四种基本力

> 大多数基本的科学思想本质上是简单的,而且作为一条定律,可以用人人都能理解的语言来表达。
>
> 阿尔伯特·爱因斯坦,1938年

粒子物理学的标准模型由十七种粒子组成。其中,十二种是物质粒子,被称为费米子,不过我们所知道的绝大部分物质是由三种粒子组成的:上夸克、下夸克以及电子。两个上夸克和一个下夸克组合形成一个质子,而两个下夸克和一个上夸克组合形成一个中子——中子是原子核中很常见的复合粒子。

夸 克

夸克还可以成对组合,即由一个夸克和一个反夸克组合,形成寿命较短的物质粒子,即介子。夸克有六种,除了上夸克和下夸克,其他四种夸克——粲夸克、奇夸克、顶夸克、底夸克,参与高能粒子反应,但在自然界十分罕见。费米子包括夸克和六种轻子——其中包括我们熟悉的电子,也包括 μ 子和 τ 子(μ 子和 τ 子实际上是电子的超大质量版本),以及三种中微子(中微子是一种不带电荷的极轻粒子,在核反应过程中被释放出来)。

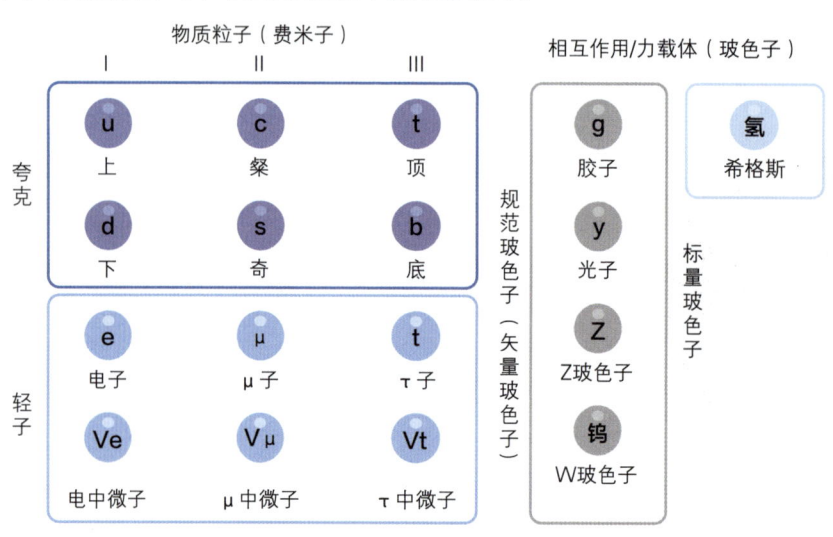

	物质粒子(费米子)			相互作用/力载体(玻色子)	
	I	II	III		
夸克	u 上	c 粲	t 顶	g 胶子	氢 希格斯
	d 下	s 奇	b 底	y 光子	
轻子	e 电子	μ μ子	t τ子	Z Z玻色子	
	Ve 电中微子	Vμ μ中微子	Vt τ中微子	钨 W玻色子	
				规范玻色子(矢量玻色子)	标量玻色子

上图: 标准模型表示了十七种基本粒子的作用。
下页上图: 质子和中子里的夸克的结合。
下页下图: 粒子和它的反粒子相遇湮灭,变为纯能量。

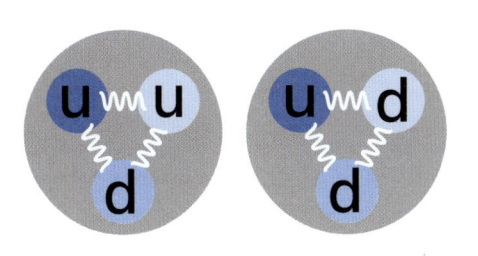

然后还有玻色子，负责三种基本力。最为人熟知的是光子，它是电磁力的传递粒子，也是光的组成部分。胶子把夸克结合在一起形成质子、中子和介子。载有弱核力的Z玻色子和W玻色子很特殊，它们是带有质量的力传递粒子，W玻色子可以带正电荷或负电荷。最后一列是希格斯玻色子，是希格斯场中的一种量子扰动，希格斯场无处不在，赋予粒子以质量。

> 每个物质粒子都有一个等价的反粒子，一个具有某些相反性质（包括电荷）的镜像等价物。

每个物质粒子都有一个等价的反粒子，一个具有某些相反性质（包括电荷）的镜像等价物。例如，反夸克的电荷与夸克的相反，而反电子（也叫正电子）的电荷与电子的相反。中性物质粒子也有反粒子，它们的反粒子有更为隐秘的性质。中性玻色子通常被表述为自身的反粒子。粒子/反粒子对可以由能量产生，当粒子遇到它的反粒子时，两个粒子就会湮灭，并以光子的形式变为纯能量。

电磁学部分涵盖电磁力，重力学部分涵盖引力。强核力既能将夸克聚集在一起，形成质子和中子等粒子，又能有效地从这些粒子中渗出。即使带正电荷的质子相互排斥，强核力也能将质子固定在原子核里。弱核力会导致某些核衰变，并能使中微子类型发生转换。

(图示:紧凑渺子线圈、北区、大型离子对撞机实验、大型强子对撞机、大型强子对撞机底夸克实验、反质子减速器、西区、超级质子同步加速器 超环面仪器、东区、质子同步加速器)

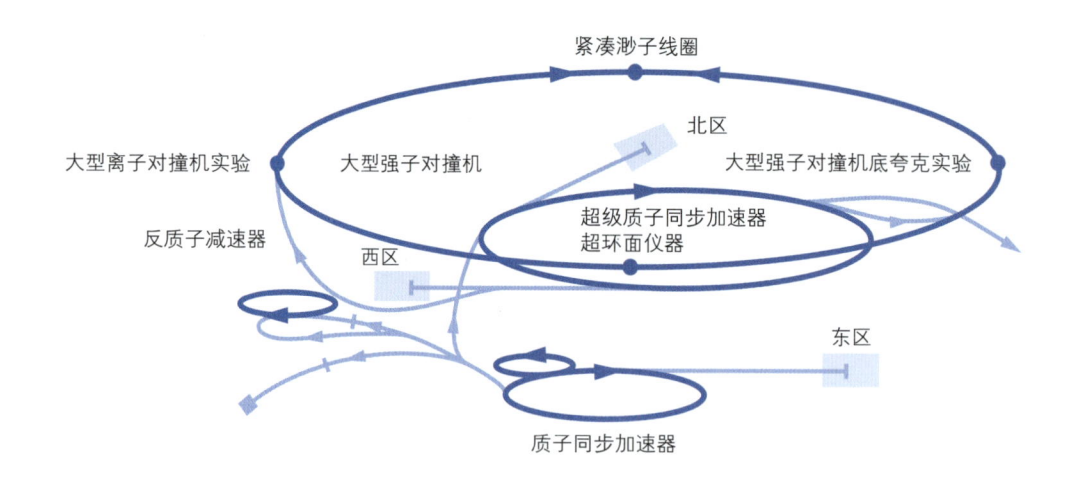

证 据

粒子物理学标准模型部分依据一种理论而构建,该理论解释了20世纪发现的大量粒子,且随后通过粒子加速器进行的实验得到了证实。这些加速器以近光速的速度碰撞粒子,产生了大量新的、寿命短的粒子。电子是标准模型中第一个被分离出来的粒子,而其他一些粒子的存在在其被发现之前就被推断出来了。例如,由于核衰变过程中似乎有质量的损失,所以科学家推断出了中微子的存在。

当碰撞中有足够的能量产生一对匹配的物质和反物质粒子时,就会产生反物质——最先被探测到的是正电子,其行为类似于电子,但其相反的电荷使它在电磁场中运动时,会向相反的方向弯曲。

> 电子是标准模型中第一个被分离出来的粒子,而其他一些粒子的存在在其被发现之前就被推断出来了。

上图:欧洲核子研究中心的大型强子对撞机是以一条27千米长的隧道为中心的复杂结构。
下页图:大型强子对撞机的CMS[4],直径近16米。

---

4 紧凑渺子线圈,欧洲核子研究中心的大型强子对撞机计划的
　两大通用型粒子侦测器之一。——译者注

求同存异

最早对原子进行批判的是以亚里士多德为首的古希腊哲学家，他们认为原子不可能存在，因为这意味着原子之间完全是虚无的，这在哲学上被认为是不可能的。即使到了19世纪，一些著名的物理学家，如开尔文勋爵（威廉·汤姆森），也认为，原子只是一个有用的计算概念，实际上并不存在。很明显，肯定存在某种物质，但不一定是真正意义上的粒子。开尔文勋爵认为原子是以太旋涡的"纽结"。

现有的粒子物理学标准模型相对完备，但仍有一些不足。有些人认为该模型缺少了一半的粒子，因为每个粒子都应该有一个"超对称"的"伙伴"——每个费米子有一个玻色子"伙伴"，每个玻色子有一个费米子"伙伴"。费米子的玻色子"伙伴"以"s-"为前缀命名，因此，夸克（quark）与s-夸克（squark）配对，电子（eclectron）与s-电子（selectron）配对，而玻色子的费米子"伙伴"则以"-ino"为后缀命名，光子（photon）的配对"伙伴"为photino，以此类推。这种超对称粒子是某些版本的弦理论所需要的，弦理论是将量子理论和广义相对论结合起来的、受到最广泛支持的尝试。但迄今为止，还没有发现任何超对称粒子，尽管理论上大型强子对撞机应该可以发现部分粒子。超对称粒子不存在的可能性似乎越来越大。

学科价值

标准模型是我们描述物质本质以及控制物质粒子相互作用力工作原理的最全面的方法。该模型既能帮助我们理解物质组合的基础知识，也能帮助我们理解天文学和宇宙学的诸多方面，从恒星内部发生的变化过程到宇宙的最早发展。

与物理学的许多其他方面不同，尽管这些粒子是量子粒子，而且正如我们所看到的，量子力学对现代经济和技术至关重要，但是在理解粒子的实际应用方面，人类几乎没有什么进展。然而，对利用电磁场加速带电粒子的粒子加速器的研究，已经对医学产生了附带效益。在各种力中，电磁力对日常生活的实际意义最大。

能够填补标准模型中的空白（无论是通过超对称还是通过其他重组），很可能是朝着一个宏观大局迈出的重要一步，即量子力学和广义相对论（解释引力）这两个目前互不相容的理论的结合。标准模型已相对完善，但我们知道，一定还存在更多的粒子。

未来发展

目前,我们在标准模型的未来问题上陷入了僵局。我们对该模型的现有认识已非常准确,但还存在差距——例如,该模型预测,中微子粒子不具有质量,几十年来人们一直这样认为。一些物理学家仍然期望,如果我们能够建造更强大的粒子加速器(在撰写本书时,欧洲核子研究中心正试图证明耗资数十亿美元更换大型强子对撞机是合理的),我们将能够探测到超对称粒子,从而改变标准模型。但其他人则认为,这是在浪费金钱,因为这种粒子如果存在,应该早已被探测到了。

> 广义相对论与量子理论不相容。

面对力的研究,我们最无法自圆其说的地方在于,电磁力、强核力、弱核力这三种基本力是量化的(它们与量子力学一致),而引力则不是量化的。广义相对论与量子理论不相容。科学家们试图提出一个量子引力理论,包括弦理论和圈量子引力论,但是迄今为止,他们仍未能提供关于其正确性的任何证据。探索还在继续,量子引力理论很有可能在未来某个时候出现一个更好的现实模型。

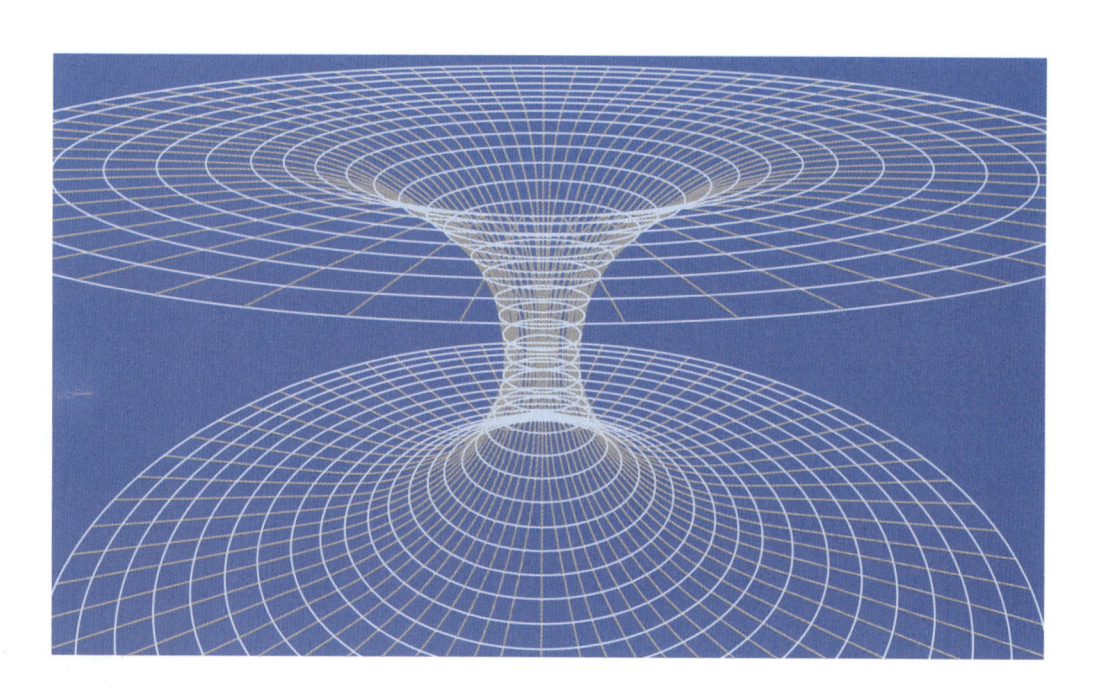

上图: 广义相对论将引力精确地表示为扭曲的时空,但这与量子理论不相容。

知识回顾

起源与发展	核心理论	求同存异	学科价值	未来发展
公元前5世纪 古希腊哲学家留基伯和他的学生德谟克利特提出，物质是由微小的粒子组成的。 **1808年** 约翰·道尔顿发表了对现代元素原子理论的第一次详细描述。 **20世纪初** J. J. 汤姆逊证明了电子的存在。 **1911年** 欧内斯特·卢瑟福演示了原子结构。	我们通过**四种基本力**和十七种**粒子**来理解物质的表现。 粒子物理学的**标准模型**由**费米子**（物质粒子）和**玻色子**（力的载体）组成。 所有物质粒子都有一个**反粒子**，反粒子某些关键性质的值与粒子相反。 **四种基本力**分别是引力、电磁力、强核力和弱核力。	亚里士多德认为**原子不可能存在**，因为如果原子存在，它们之间必须有一个虚空，而他认为这是不可能的。 一些物理学家直到20世纪初才**接受了原子的存在**。 有些物理学家认为，标准模型中的每个粒子都应该有一个**超对称"伙伴"**，但大型强子对撞机从未探测到这些超对称粒子。	标准模型为我们提供了关于物质如何构成以及物质粒子相互作用力工作原理的**最佳图景**。 虽然实际应用有限，但**粒子加速器**对医学产生了附带效益，而**电磁学**在技术发展中占据极为重要的地位。	目前，标准模式的未来陷入**僵局**。 我们可以期待看到**标准模型的完善**。 能够填补标准模型中的空白，是朝着一个**宏观大局**迈出的重要一步，即量子力学和广义相对论的结合。

物理学和宇宙学

引力（更多关于时间和空间）

思想概述

> 当他在花园里沉思时，他突然灵光一现，想到引力（正是引力把苹果从树上拽到了地上）并不局限于地球上，还会延伸到远远超越人类按常理思考的地方。像月亮那么高的地方应该也是可能的吧，他对自己说……
>
> 约翰·康杜伊特（与艾萨克·牛顿的对话手记），1726年

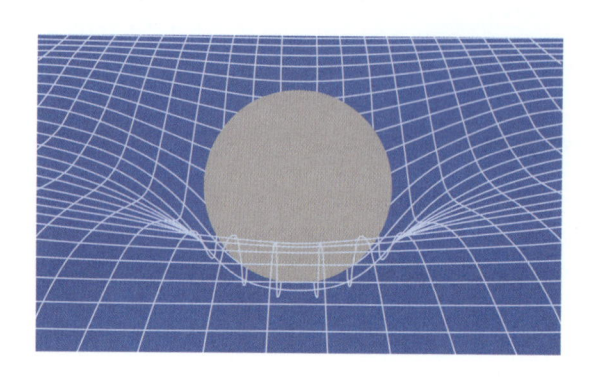

  自然界四种基本力之一的引力，相对于其他三种力来说，是极其微弱的，只有在涉及相对巨大的物体时，才会产生明显的作用。引力使地球上的东西保持在原地，使卫星围绕行星运行、行星围绕恒星运行以及恒星在星系中运行。引力与距离成反比，尽管距离越远，引力越小，但严格来讲，引力永不可能为零。

  引力作用于具有质量的物体，使物体周围的时空发生扭曲。空间扭曲的结果是，自然直线运动的物体将会沿着弯曲的轨迹，围绕着大质量物体在轨道上运行。时间扭曲的结果是，一个静止的物体将会靠近一个大质量物体，并向着它加速。

  在引力理论中，广义相对论方程的解表明了黑洞的存在，并允许引力波穿过宇宙。

起源与发展

古希腊的地心引力理论，是由亚里士多德在公元前4世纪提出的，他将"重力"与"轻力"的概念配成一对。重力（gravity）是土和水靠近宇宙中心的自然趋势，而轻力（levity）是气和火远离宇宙中心的自然趋势。

现代引力思想在很大程度上要归功于牛顿。一个苹果的掉落，启发了他的思考，使他意识到，让苹果掉落的力量也是让月球保持在轨道上运行的力量。牛顿在其《自然哲学的数学原理》一书中，将万有引力的工作原理描述为有质量的物体之间的吸引力，只取决于两个物体的质量和它们之间的距离。牛顿没有提出任何关于引力工作原理的假设，尽管他认为引力是由某种粒子的流动产生的。

> 现代引力思想在很大程度上要归功于牛顿。

虽然牛顿的数学公式在今天仍然成立（除极端情况），但他的研究直到1916年获得爱因斯坦广义相对论的加持才得到真正有效的完结。广义相对论为引力如何作用于远处提供了解释，因为广义相对论依赖于物质扭曲空间和时间的观点，正是这种扭曲影响了物体如何穿越时空。

广义相对论的数学表达十分复杂。在该理论发展初期，英国物理学家亚瑟·爱丁顿（Arthur Eddington）曾被问道："世界上只有三个人理解爱因斯坦的理论，这是真的吗？"据说爱丁顿回答说："第三个人是谁？"但其实，其原理相对简单，只是其中的数学表达难倒了不少物理学家。广义相对论做出了一些与牛顿理论预测结果不同的预测。正是爱丁顿在1919年带领一支探险队观测到日食，才证实了爱因斯坦的理论，并帮助爱因斯坦成为有史以来最著名的科学家。

上页图：巨大的物体，如地球，扭曲了空间和时间，导致直线路径弯曲。
上图：艾萨克·牛顿（1643—1727）。
下图：亚瑟·爱丁顿（1882—1944）。

核心理论

平方反比定律和翘曲时空

> 但最令人印象深刻的事实是，引力是简单的。它很简单，就是把原则完整地表述出来，而且不留任何让人质疑该定律的余地。
>
> 理查德·费曼，1967年

$$F = G\frac{m_1 m_2}{r^2}$$

该方程并没有出现在他的著作中。牛顿的万有引力理论可归结为两个质量为 m_1 和 m_2 的物体之间存在着大小为 Gm_1m_2/r^2 的引力，其中，G 是一个比例系数，被叫作引力常量，r 是两个物体之间的距离。由此可见，引力随着质量的增大而增大，随着两个物体距离的平方的减小而增大。另一个重要含义是，考虑到大多数物体并非浓缩到一个点上，力的作用就好像一个物体的所有质量都集中在其中心。

尽管从牛顿开始，人们就试图解释引力是由穿过宇宙的不可见粒子的冲击所产生的，这些粒子被大质量物体阻挡，从而产生压力，但直到爱因斯坦提出了一个理论，才有效地解释了引力在一定距离内的吸引能力。爱因斯坦在他的狭义相对论中排除了加速度，也就是说，"狭义"（special）一词的意思是有局限的。因此，在广义相对论中，他首先证明了引力和加速度不可区分。

一个简单的例子就是，在没有窗户的宇宙飞船内会发生什么。如果飞船停在像地球这样具有

强大引力的物体上，里面的人就会感觉到一股力量向飞船底部靠近。但如果飞船在太空中稳步加速，里面的人就会感觉到同样的加速度。如果一束光在加速过程中照入了飞船内部，它就会发生弯曲。同样，在引力场中穿过飞船的光束也会弯曲。该理论的数学表述非常复杂，但爱因斯坦整理出一组方程，即爱因斯坦引力场方程。这些方程显示了物质如何扭曲时空，以及扭曲的时空如何引起引力效应。

广义相对论将被用来预测关于宇宙的许多事情，包括宇宙膨胀和坍缩的可能性，以及恒星坍缩成无量纲"黑洞"的可能性。"黑洞"一词于20世纪60年代引入，但这一预言最开始是由德国物理学家卡尔·施瓦西（Karl Schwarzschild）在1915年第一次世界大战服兵役期间做出的，当时爱因斯坦还没有完成该理论的建构。

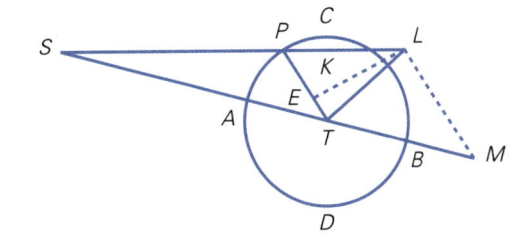

证 据

牛顿用一页又一页的几何图形来支持自己的理论，证明自己的论断。他最初的计算采用了更为复杂的微积分，微积分就是他为此而发明的（称为流数法），但他将大多数计算结果转化成几何学，以使结果更容易被读者接受。牛顿的研究对行星轨道做出了许多与观测相吻合的预测，包括推导出开普勒的行星运动定律。英国科学家爱德蒙·哈雷（Edmond Halley）是牛顿的主要支持者，他资助牛顿出版了《自然哲学的数学原理》，并采用牛顿的理论成功预测了一颗彗星的重返，该彗星现在被命名为哈雷彗星。

在爱因斯坦推导出方程之前，人们已经知道牛顿的理论不能正确预测水星的轨道，因为水星离太阳足够近，处于一个强大的引力场中。爱因斯坦的方程则与观测完全吻合。广义相对论还预测，由于太阳扭曲了自己周围的时空，所以来自遥远恒星的光经过像太阳这样的大质量天体时，会沿着弯曲的路径传播。在通常情况下，在可见范围内，如此接近太阳的恒星是不可能被观测到的，但是在日食期间，它们变得可见——它们的移动正如爱因斯坦所预测的那样。1919年首次观测到日全食以来，广义相对论已多次被证明是准确的。

> 在爱因斯坦推导出方程之前，人们已经知道牛顿的理论不能正确预测水星的轨道。

上页上图：牛顿的万有引力定律。
上页下图：爱因斯坦意识到，加速度和引力是无法区分的。
上图：牛顿将其经典著作中的大部分研究从微积分转化为几何学。

求同存异

虽然牛顿的数学产生的争论很少，但对于牛顿用"吸引力"（attraction）一词来表示地球和月球之间的力，人们仍有相当大的质疑。我们现在会认为这是一个完全正常的词，但在当时，它只适用于描述一个人有魅力的情况，也因此暗示着地球和月球之间存在某种形式的浪漫吸引。有人批评牛顿将引力视为一种"神秘"（隐藏）的力，它以某种方式延伸并影响远处的物体，而所有已知的远距离作用的现象都需要某种东西从A传递到B才能产生这种影响。

> 有人批评牛顿将引力视为一种"神秘"（隐藏）的力。

许多人在努力学习广义相对论的数学，包括爱因斯坦本人。这是因为它从平面空间的几何学转向了曲线空间，这是一个相对较新的数学领域。爱因斯坦的早期研究中有一个错误，而当时最伟大的数学家之一大卫·希尔伯特（David Hilbert）完成了一个正确的方程组。人们曾多次试图寻找爱因斯坦思想的漏洞——事实证明，爱因斯坦是吸引伪科学家和业余爱好者的"磁石"，他们总是在"反驳爱因斯坦"，但没有一个能在广义相对论中找到漏洞。

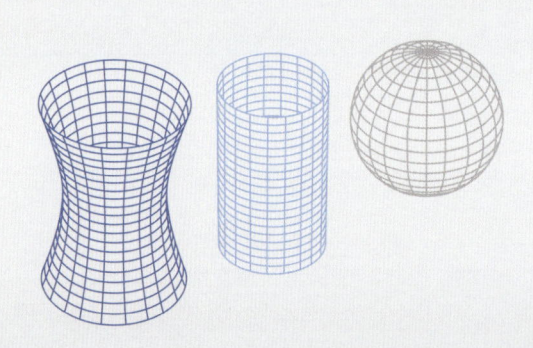

学科价值

引力的学科价值不言而喻，它的作用很明显，既能使物体在地球上保持原位，又能维持地球的天文轨道。国际空间站上微重力环境中的证据也表明了引力对许多生物的必要性。在国际空间站，微重力下的植物生长艰难，因为植物必须按照地心引力调整根系发展方向，鸡蛋无法孵化，人类则会出现骨骼退化、器官上浮的问题。

无论是弹道设计和大气层中的飞行，还是太空旅行，在牛顿学说的基础上理解引力对于任何涉及通过引力场运动的事物都很重要。例如，在所谓的引力弹弓效应（slingshot，即探测器围绕行星或太阳飞行，并在此过程中加快速度）中，通常要用到探测器与引力场相互作用的概念。

广义相对论的好处更多地体现在知识层面，例如，更好地理解宇宙过去的发展方式和未来的发展方式，理解中子星和黑洞等不寻常的结构。

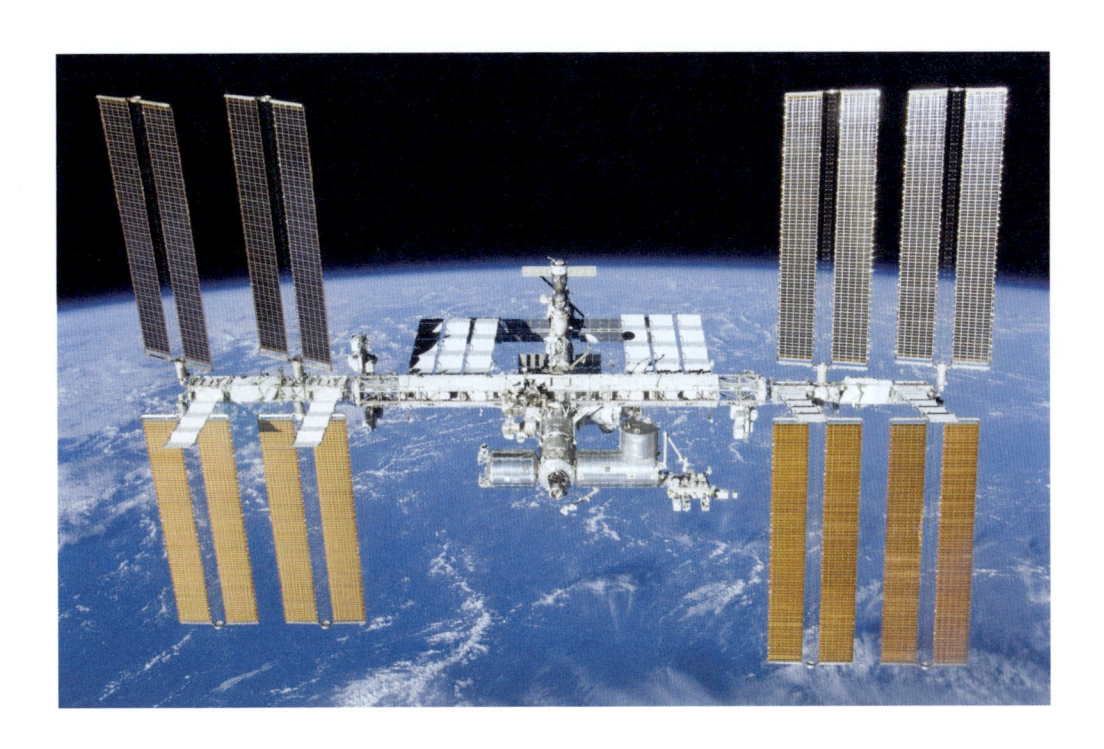

上页上图：大卫·希尔伯特（1862—1943）。
上页下图：空间可以是平的，也可以向内或向外弯曲。
上图：国际空间站已经被用来试验微重力对生命的影响。

未来发展

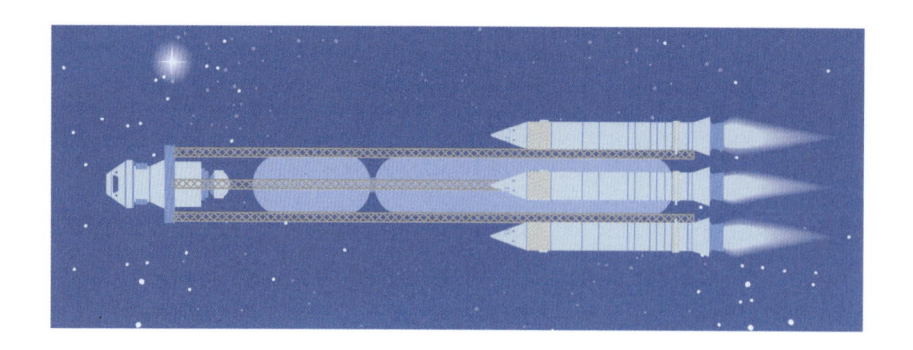

正如我们在"力和粒子"一节所看到的,物理学面临的最大问题之一是引力没有被量子化:广义相对论依赖连续可变的数值,这与量子理论相矛盾。科学家们试图提出一个量子引力理论,包括弦理论和圈量子引力论,但是迄今为止仍未能提供其正确性的任何证据。研究仍将继续,量子引力很有可能在未来某个时候被证明是现实。

如果未来我们注定要在太空中度过更多的时间,例如去火星和更远的地方旅行,那么我们很可能需要在人为产生重力效应的方法上投入更多的研究。科幻小说中常见的重力发生器是没有科学依据的,它和反重力一样,基本没有实现的可能。相反,人造重力很可能是利用重力和加速度等价的机制产生的,要么是让宇宙飞船在加速状态下完成大部分航程,要么是旋转船上有足够大的空间,让船上的人不会晕眩。

上图:保持恒定加速度的宇宙飞船会感觉有重力。
下图:新的研究方法将可能促使我们产生量子引力理论。

知识回顾

起源与发展

公元前4世纪 亚里士多德把重力和轻力结合起来。重力是某些元素向宇宙中心前进的趋势,而轻力是远离宇宙中心的趋势。

1666年 据说牛顿观察到苹果的掉落,认为让苹果下落的力也使月球保持在轨道上。

1916年 爱因斯坦完成了他的广义相对论,既完善了牛顿的预测,又解释了引力形成的原因是物质扭曲时空。

1919年 爱丁顿率领探险队观测到日全食,证实了爱因斯坦的理论。

核心理论

牛顿的万有引力理论得出,质量为 m_1 和 m_2 的物体之间的引力为 Gm_1m_2/r^2,其中 G 为引力常量,r 为两物体之间的距离。

爱因斯坦观察到,加速度和引力是等价的——它们具有完全相同的效果。

爱因斯坦总结出万有引力的场方程组,该方程组显示了**物质如何扭曲时空**,以及扭曲的时空如何导致万有引力。

广义相对论被用来预测**黑洞**的存在和宇宙的未来。

求同存异

牛顿因使用"**吸引力**"一词,并将引力视为一种"神秘的"或隐藏的力量而受到一些批评。

爱因斯坦的早期研究中存在一个错误。数学家大卫·希尔伯特完成了一个正确的方程组。

学科价值

不言而喻,引力对于将**事物保持在地球上**和将**天体保持在轨道上**非常重要。

失去重力的时间过长,**生命进程将受到阻碍**。

对牛顿万有引力的理解关系到**弹道学、飞行和太空旅行**。

广义相对论的实用性较弱,但对**理解宇宙的各个方面**至关重要。

未来发展

理论物理学希望能找到一种可行的**量子引力理论**,以便与其他基本力相结合,让我们对宇宙的理解更为容易。

如果我们要在太空中度过更长的时间,我们需要**可行的人造重力**,要么来自恒定加速度,要么来自飞船的旋转部分(也会引起加速度)。

大 爆 炸

思想概述

> 宇宙是在一次大爆炸中诞生的，在这之前，爱因斯坦的理论告诉我们，没有之前。在大爆炸中，出现的不仅是粒子和力场，还有物理学定律本身……
>
> 约翰·惠勒（John Wheeler），1982年

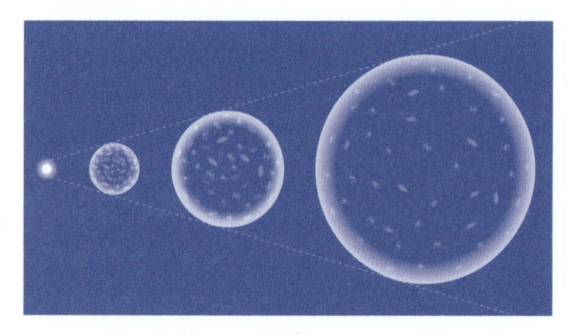

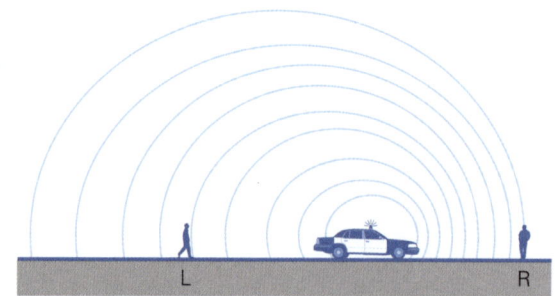

　　宇宙大爆炸的概念起源于宇宙正在膨胀这一发现。宇宙中的物质并没有膨胀到先前空白空间，而是空间本身正在膨胀。这一发现源自观测到星系发生的红移——多普勒效应的光学等价。这表明，除了少数局部，宇宙中的每个星系都在远离我们。而如果宇宙本身在膨胀，这种效应就会产生。

　　想象有一部讲述宇宙膨胀的电影，将其倒过来放映（观看时光倒流），我们会看到一个越来越小的宇宙。虽然原则上，未来的膨胀可以永远持续，但当我们回过头来看一个不断缩小的宇宙时，它必然会达到一个不能再小的点，即宇宙已经缩小到一无所有。这个点，大约在138亿年前，可认为是宇宙的起源。在大爆炸理论（宇宙起源的公认理论）中，没有"之前"，大爆炸就是宇宙空间和时间的开始。

上图左：在不断膨胀的宇宙中，空间本身也在膨胀。
上图右：多普勒效应是指，在运动的声源之前，波的距离更近，之后则更远。
下页上图：亨丽爱塔·斯万·勒维特（1868—1921）。
下页下图：埃德温·哈勃（1889—1953）。

> 宇宙中的每个星系都在远离我们。

起源与发展

关于宇宙的起源，曾有过许多神话解释，通常涉及神灵或某个永恒的存在在过去某个时刻的创造，但直到观察到宇宙的膨胀，才出现了科学的解释。

动态宇宙

1916年，爱因斯坦在提出广义相对论时，从一个简化的引力场方程组表明宇宙作为一个整体，要么正在膨胀，要么正在收缩。爱因斯坦认为这与现实不符，于是引入了一个宇宙常数，以导出一个静态的宇宙。后来他将此称为自己最大的错误，并将该常数删除。

1922年，俄罗斯物理学家亚历山大·弗里德曼（Alexander Friedmann）解出场方程组的另一个解，证明了宇宙正在膨胀。20世纪20年代末，美国天文学家埃德温·哈勃（Eduin Hubble）提出了证据，证明了宇宙的体积远远超过银河系，并首次测量了地球与其他星系的距离。哈勃所采用的测量方法以变星（variable star）为基础，变星会经历一个光度在越来越亮和越来越暗之间反复循环的过程。

1912年，美国天文学家亨丽爱塔·斯万·勒维特（Henrietta Swan Leavitt）整理这些已有的发现，并发表了一篇论文，表明变星的最大亮度与其强度周期有着简单的关系。如果已知变星的实际亮度，则它们的观测亮度的强度差异必然是由它们与我们的距离所致的。这意味着变星可以被用作"标准坎德拉"[5]，以测量比基本的距离测量方法（视差）更远的距离。基本测量方法基于地球绕其轨道运行时，变星在天空中的观测运行轨迹。

除了离我们最近的邻居——仙女座星系发生了蓝移，大部分星系都发生了红移。比利时科学家乔治·勒梅特（Georges Lemaître）提出了一个定律，该定律后来被称为哈勃定律，即红移的大小随着距离的增加而增加。勒梅特推论，宇宙正在膨胀，时间越往前推，宇宙越小，直至他称之为的原始原子或"宇宙蛋"（cosmic egg）。

---

[5] 标准坎德拉（standard candles）是天文学中已知光度的天体，在宇宙学和星系天文学中获得距离的几种重要方法都是以标准坎德拉为基础的。——译者注

核心理论

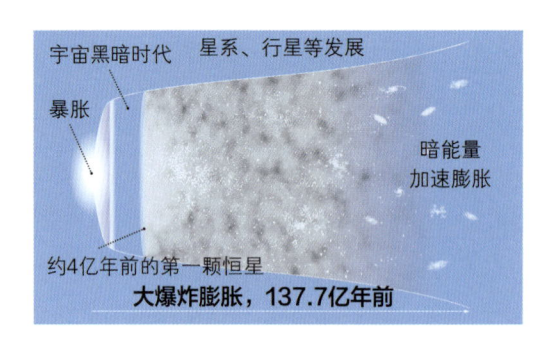

宇宙黑暗时代　星系、行星等发展

暴胀

暗能量
加速膨胀

约4亿年前的第一颗恒星

大爆炸膨胀，137.7亿年前

宇宙起源、膨胀和暴胀

根据基本的大爆炸理论，一开始，空间和时间（以及物理定律）就已经产生（没有已知的原因）。在这之后，经过一段难以想象的极短的时间后，宇宙发生爆炸，开始膨胀。随着宇宙的不断变大，不确定性原理所施加的微小变化导致了更大的变化，最终会在宇宙微波背景辐射中被探测到，并产生密度的变化，形成星系。

宇宙的时间轴

在大约10^{-36}秒之后（无明确原因），大爆炸理论假设宇宙经历了暴胀（inflation）：突然地、急剧地加速膨胀，使宇宙的体积至少增加了10^{78}倍，然后在大约10^{-32}秒的时候又稳定下来，恢复到比较常规的膨胀速度。

至此，宇宙已经从纯能量变成了一些物质粒子，以夸克、反夸克和最终将它们联系起来的胶子的形式存在。因为能量会产生成对的粒子——一个粒子和它的反粒子，所以宇宙中也应该存在

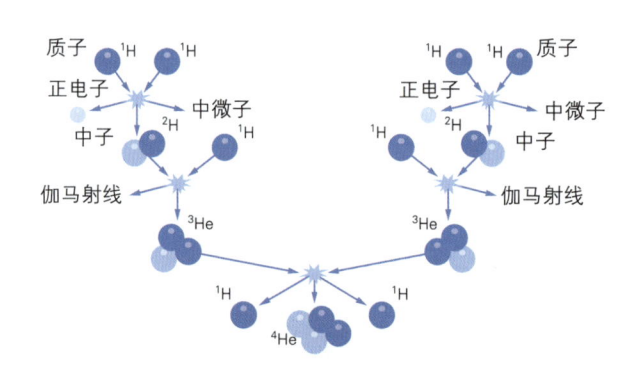

和物质一样多的反物质。反物质都到哪里去了？这是宇宙学的一个重大谜团。到10^{-12}秒，电子等轻子（及其反粒子）已经形成，在宇宙生命的10^{-6}秒到1秒之间，质子和中子由夸克形成。

最初存在的唯一化学元素是氢（质子就是氢原子核），但有一段时间，整个宇宙就像恒星一样，将氢融合成氦和少量的锂。这一过程应该发生在2~20分钟，那时宇宙的温度已经下降到足以使核聚变停止。

在接下来的37.7万年里，冷却、膨胀的宇宙是一个带电的等离子体，任何光都无法通过。但到了这一时期的末期，温度下降到足以形成原子的程度，宇宙变得透明。随着宇宙的不断膨胀，经过数亿年，引力逐渐使恒星和星系形成。我们目前已知的现实正在成型。

需要强调的是，虽然大爆炸理论是关于宇宙起源最为公认的理论，与证据相当吻合（经过多次修补），但它不应被视为确定的事实，而应被视为当前数据下的最佳猜测。

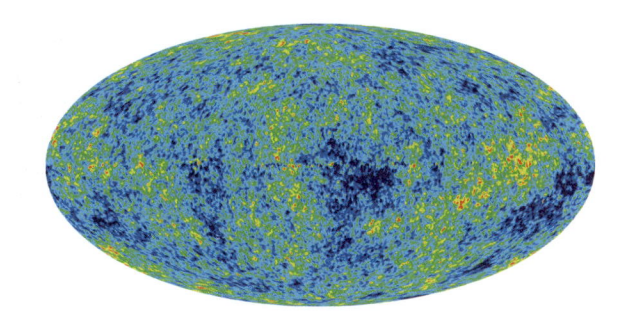

证 据

如我们所见，星系的红移为宇宙的膨胀提供了第一个证据。宇宙微波背景是最有意义的证据，可以使大爆炸理论将其主要竞争对手推下历史的舞台。这种低水平微波辐射于1964年被发现，其各个方向上的强度几乎相同。进一步的佐证是，人们发现非常遥远的星系（也就是存在于遥远过去的星系，因为光到达我们这里是需要时间的）与现在的星系截然不同，这意味着宇宙已经进化，而不是像大爆炸的主要竞争对手——恒稳态理论（steady state theory）模型所描述的那样，永远以同样的方式继续下去。

宇宙暴胀与其说是有证据支持的观点，不如说是解决大爆炸理论问题的补丁。宇宙似乎太统一了。如果基本的大爆炸理论是真的，那么在早期的量子涨落产生温差之后，相距遥远的区域似乎无法彼此接触，然而它们在物理上是如此的相似，证明它们在历史上的某个时刻必然是紧靠在一起的。因此，有人提出了宇宙有一个超快膨胀阶段。

上页上图：宇宙膨胀的时间轴。
上页下图：从氢到氦的核聚变过程。
上图：来自WMAP卫星的宇宙微波背景辐射图像。

求同存异

> 我们现在面临的问题是如何将观测实验应用于早期理论。这些理论均基于这样一个假设：宇宙中的所有物质都是在遥远的过去的某个特定时间的一次大爆炸中产生的。
>
> 弗雷德·霍伊尔（Fred Hoyle），1948年

英国天体物理学家弗雷德·霍伊尔、奥地利出生的英国宇宙学家赫尔曼·邦迪（Hermann Bondi）和奥地利的物理学家托马斯·戈尔德（Thomas Gold）对大爆炸理论有时被赋予的宗教色彩感到不安，并提出了一种与大爆炸理论针锋相对的宇宙恒稳态理论。恒稳态理论认为，宇宙将会永久膨胀，并小规模产生新物质，宇宙从未有过开始。后来的证据否定了恒稳态理论，因为越来越多的观测结果被证明与大爆炸理论相吻合。

宇宙大爆炸理论的一大论点仍然受到一些物理学家的强烈批评，那就是宇宙暴胀，该论点目前还没有很好的证据。2014年，一项名为BICEP2的实验被认为是宇宙暴胀的证据，但不久之后，其发现被认为受到了星际尘埃的影响。

学科价值

从某种意义上说，大爆炸并不重要。了解宇宙的起源，对我们的日常生活没有任何影响，它不会带来任何突破性的技术或实际应用。然而，每一个文明都试图解释宇宙是如何形成的，这一事实表明，人类有一个深刻的基本需求：理解宇宙（以及我们）从何而来。

> 如果大爆炸理论是正确的，那么最初的宇宙是如此之小，以至于量子效应对它的存在产生了重大影响。

宇宙大爆炸与理解广义相对论和量子力学紧密相关。如果大爆炸理论是正确的，那么最初的宇宙是如此之小，以至于量子效应对它的存在产生了重大影响。但到目前为止，我们还没有办法将量子力学和广义相对论结合起来，所以关于在那些最早的时代究竟发生了什么，存在着很大的不确定性。

由于对间接测量的依赖，以及我们认知上的差距，宇宙学仍然是科学中最具推测性的学科，宇宙学也可以说是我们与古代哲学家的观点最接近的学说。从科学角度来讲，宇宙学是一种极具吸引力的活化石。

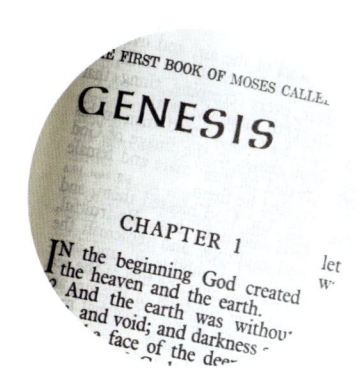

上页上图： 弗雷德·霍伊尔（1915—2001）。
上页下图： 靠近南极的BICEP2观测站。
上图：《圣经》的开篇《创世纪》——宇宙起源的早期解释。

未来发展

我们在处理宇宙学时,面临的最大问题就是,无法回溯到宇宙年龄为37.7万年的时候,也就是光还无法穿越不透明宇宙的时期。历史上,我们观察宇宙的方法依赖于不同的电磁辐射的能量——从无线电到伽马射线,以及更熟悉的可见光。但我们现在有两种选择——引力波和中微子,它们可以从早期的宇宙中观测到。每一种选择的检测都处于初级阶段,但在未来,这些方法可以让我们更好地了解宇宙的起源。

如果我们能够填补粒子物理学标准模型的空隙,更好地理解暗物质和暗能量(关于这些很快就会有更多的内容),并找到一种方法来统一广义相对论和量子力学,掌握更好的物理工具,也许我们就可以更好地了解早期的宇宙。我们似乎仍然会看到大爆炸理论的种种变体,但几乎可以肯定的是,目前的理论在某些方面存在错误。

上图:由黑洞合并等事件产生的引力波,有助于了解早期的宇宙。

知识回顾

起源与发展	核心理论	求同存异	学科价值	未来发展
纵观历史，人们一直试图解释宇宙从何而来。关于宇宙的起源，通常涉及神灵或某个永恒的存在的创造。	空间和时间从一个**无穷小的点**开始膨胀。	弗雷德·霍伊尔、赫尔曼·邦迪和托马斯·戈尔德对大爆炸理论不满，提出了一种**恒稳态理论**。后来，该理论遭到摒弃，因为出现的越来越鲜明的证据与大爆炸理论相吻合。	宇宙大爆炸并无实际意义，但发展**宇宙学理论**似乎可以解决人类深层次的需求。	**引力波和中微子**让我们对早期宇宙有一个更全面的了解——对这两者的探测还处于起步阶段。
1916年 爱因斯坦的广义相对论认为，宇宙应该膨胀或收缩。	在不到一秒的极短时间内，宇宙的体积增加了10^{78}倍或更多，这个过程被称为**宇宙暴胀**。		大爆炸理论与**统一引力和量子理论**的尝试紧密相连：没有大爆炸理论就很难完成。	如果我们能够填补**粒子物理学**标准模型的空白，探寻暗物质和暗能量的知识，加深对广义相对论和量子力学相结合的理解，我们就可能得到一个进阶版的大爆炸理论。
1922年 亚历山大·弗里德曼解出广义相对论中的宇宙膨胀。	随着宇宙的膨胀和冷却，能量产生**物质/反物质对**。不知何故，在可观测的宇宙中，只剩下了物质。	一些物理学家对**宇宙暴胀**持高度批判的态度，认为宇宙暴胀并非基于证据，而是为了配合观测而任意修正大爆炸理论的结果。	可以说，宇宙学是早期哲学家试图理解宇宙的**生动回声**。	
20世纪20年代中期 埃德温·哈勃发现了其他星系的存在，而且大多数星系存在红移现象。	宇宙存在37.7万年后，光开始穿越宇宙，形成**宇宙微波背景辐射**。			
1927年 乔治·勒梅特提出，宇宙是从一个原始原子膨胀而来的。	几亿年后，在引力作用下，**恒星和星系**等结构开始形成。			

恒星、行星、太阳系和星系

思想概述

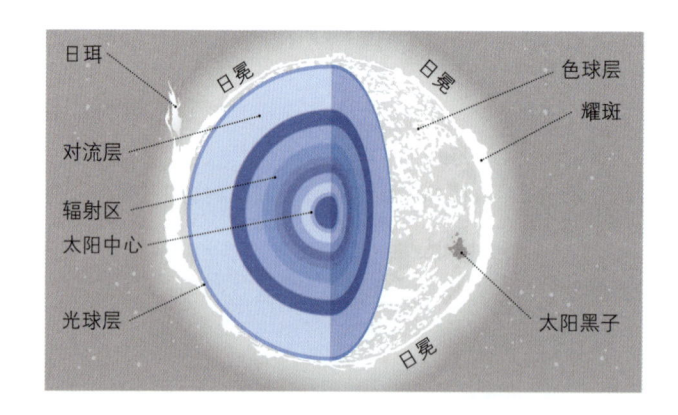

太阳结构图（标注：日珥、日冕、对流层、辐射区、太阳中心、光球层、日冕、色球层、耀斑、太阳黑子、日冕）

　　宇宙大爆炸大约100万年后，宇宙中含有大量的气体云，主要为氢。随着时间的推移，原子之间会非常缓慢地相互吸引。物质开始聚集在一起，并由于与其他原子的碰撞而升温。在最集中的区域，气体变得更密集，温度在升高，压力在增加。最终，这种效应足够强大，开启了核聚变的过程，第一批恒星诞生了。

　　这些新的天体不断旋转，把周围的物质拉成一个圆盘。圆盘中的物质也像恒星最初那样聚集在一起，形成气体行星，这些气体行星体积太小，无法像恒星那样产生足够的温度和压力进行核聚变。在第一批恒星爆炸成为超新星（supernova）之后，星际空间不仅充满了气体，而且充满了密度更大的元素的尘埃。当第二代恒星形成它们的太阳系时，有些行星会呈固态而非气态。

　　宇宙中的原始物质由于早期的量子涨落而分布不均，因此恒星形成了大规模的团簇，这些团簇通过引力相互作用"拥有"了自己的"身份"：星系。

上图： 太阳结构。
下页上图： 阿基米德（公元前287—公元前212年）。
下页中图： 尼古拉·哥白尼（1473—1543）。
下页下图： 从地球观察到的我们所在的星系——银河系。

起源与发展

古希腊天文学家将天体分为恒星和"游荡的星"——行星，行星最初包括月亮、金星、水星、太阳、火星、木星和土星。古代宇宙学认为，我们现在所说的太阳系就是整个宇宙，恒星分布在宇宙外层的一个球面上。公元前3世纪，古希腊数学家阿基米德尝试计算宇宙的大小，他采用的方式是，算出填满宇宙所需的沙粒数（这并不像听起来那么愚蠢：这是一个扩展数制的实践，在当时，数制的实际应用不可能超过1亿）。他对土星轨道直径的估计精确得令人惊讶。

在古代的宇宙模型中，每个行星都固定在一个球面上，这样它们才能够绕地球旋转，和最外层的球面容纳固定的恒星一样。有人认为这个外层球体是不透明的，上面有洞，恒星被环绕宇宙的火焰照亮，闪耀着光芒。人们认为行星与地球相似，甚至有人猜测太阳上有生物。

哥白尼模型

当哥白尼将太阳而非地球置于宇宙的中心时，人类迈出了可能认识更为广阔的宇宙的第一步。这样做的主要好处是，可以解释外行星的奇怪路径——由于地球和其他行星轨道的相互作用，外行星的轨迹似乎出现了逆转。

随着时间的推移，人们越来越清楚地认识到恒星比行星要远得多。望远镜的发展使人们可以分析更多细节。人们意识到，天空中一条被称为银河系的光带，就是一条巨大的恒星带。因此，到了19世纪，人们清楚地认识到，宇宙远比以前想象的要大。直到20世纪，18世纪的天文学家威廉·赫歇尔（William Herschel）的推测才得到证实，即在我们星系之外还有其他星系，宇宙的主要组成部分也得到了认可。

物理学和宇宙学

核心理论

聚变、行星盘和星系距离

> 我已经知道:行星(火星)最真实的轨迹是一个椭圆(ellipse),德勒也把它叫作卵圆(oval),或者说非常接近椭圆,以至于两者毫无二致。
>
> 约翰内斯·开普勒(Johannes Kepler),1605年

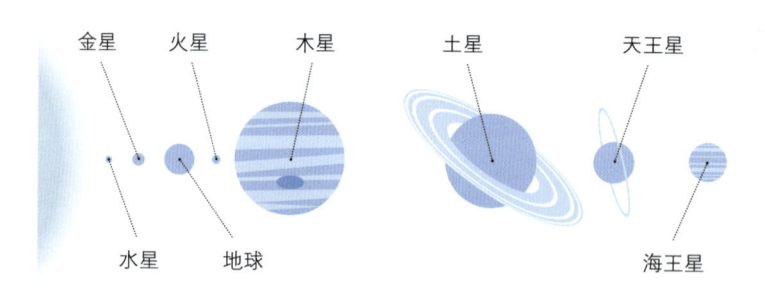

我们所在的太阳系由1颗恒星和8颗行星(水星、金星、地球、火星、木星、土星、天王星和海王星)组成,同时还有一众小行星、彗星和围绕各行星运行的卫星。

和所有的恒星一样,太阳也是通过核聚变来运行的,在大量气体(太阳包含了太阳系99.9%的物质)的引力吸引下,太阳中带电的原子(离子)被推到足够近的距离。根据量子理论,强核力能够将它们彼此束缚。它们融合成更重的离子,释放出能量,为太阳系的其他天体提供动量。

太阳系的形成

当太阳系形成时,太阳吸引气体和尘埃云。所有这些物质都在旋转:因为物质在空间中的分布不均匀,所以某些区域的物质比其他区域的物质多,导致拉力失衡,从而使物质开始旋转。当物质向内运动时,角动量(旋转带来的活力)是守恒的。随着物质向内运动,物质的旋转速度加快,就像滑冰运动员拉动手臂旋转加速一样。由于旋转,太阳系中的物质最终形成了一个圆盘,

上图:行星(示意图不成比例)。
下页上图:使用视差计算到恒星的距离。
下页下图:恒星光谱中的暗线,用于识别不同的元素。

而不是一个球——就像一块比萨面团在旋转时变平坦一样。

核聚变过程会制造越来越重的元素，从把氢变成氦开始，直到产生铁。一颗恒星无法制造更重的元素——要想进一步运转，就需要向系统中注入能量。

然而，有些类型的恒星在接近生命尽头时，会向内坍缩，引发剧烈的爆炸，并在爆炸中将其外层物质抛撒到太空，这就是所谓的超新星爆发。这种爆发提供了产生更重原子的能量，某些恒星的碰撞也会如此。

我们相信，随着我们对宇宙了解的增加，宇宙的规模也在不断扩大。在20世纪之前，人们一直认为太阳系就是整个宇宙，然后是银河系，也就是我们所在的星系。银河系直径约20万光年（光年是指光在1年内走过的距离，约9.5万亿千米）。然而，我们现在知道，宇宙中包含了数十亿个星系，直径超过900亿光年。

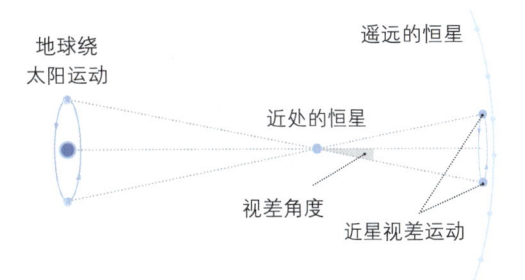

证 据

通过不同恒星发出的光，我们对恒星的性质有了惊人的了解。光照过不同的元素时，会吸收特定能量的光子，并在光谱中留下间隙。光谱学意味着我们可以找出恒星中的元素，并识别不同类型的恒星。

起初人们认为太阳是用传统的火燃烧的，但这只会让它有几千年的寿命。直到了解了核反应，人们才发现了一种让恒星持续燃烧数十亿年的机制。

较近的恒星的距离可以用视差来测量，这与先用一只眼睛观察再用另一只眼睛观察，近距离物体看起来会"移动"的效果是一样的。知道眼睛之间的距离，就可以通过明显的"移动"来计算我们与物体的距离。天文学家相隔6个月观测恒星——从地球轨道的两侧观测，会产生相当大的视差效应。在视差测量的有效范围之外，天文学家采用标准坎德拉法。标准坎德拉是具有已知亮度的恒星（以及最近的超新星），它们的相对亮度可成为衡量其离地球距离的尺度。

我们认为宇宙的年龄是138亿年，所以人们想象中最远只能看到距离地球138亿光年的天体，但由于宇宙的膨胀，宇宙的绝对极限是450亿光年左右。然而，宇宙还有可能更大。

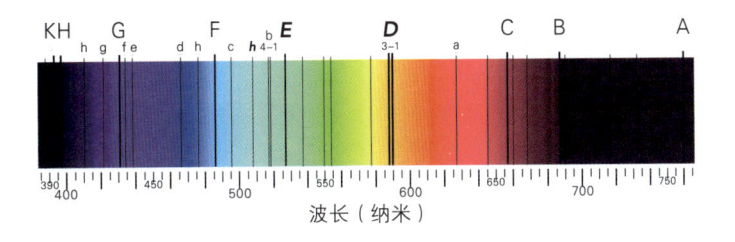

求同存异

众所周知，在16世纪，太阳是宇宙中心的观点遭到了强烈抵制。其中的部分原因在于亚里士多德，他在当时受到人们的尊崇，其物理学基础便是地球必须处于宇宙的中心。另一部分原因是《圣经》中提到了太阳的运动。这导致了伽利略的被捕。

> 埃德温·哈勃采用"标准坎德拉法"测量地球到其他星系的距离，证明了它们远远超出银河系的范围。

直到1920年，还有相当多的人拒绝接受宇宙比银河系更大这一观点。1920年4月26日，天文学家哈洛·沙普利（Harlow Shapley）和希伯·柯蒂斯（Heber Curtis）在美国华盛顿特区的史密森尼学会举行了一场辩论。沙普利支持这样一种观点：星云（夜空中含有大量恒星构成的模糊光斑）是银河系边缘的星团，而柯蒂斯则认为星云本身就是星系。天文学家埃德温·哈勃采用"标准坎德拉法"测量地球到其他星系的距离，证明了它们远远超出银河系的范围。哈勃首先测量离我们最近的大邻居——仙女座星系的距离大约为100万光年，但我们现在知道，这个距离是250万光年。（哈勃最初混淆了作为"标准坎德拉法"使用的两种不同类型的变星。）

上图左： 哈洛·沙普利（1885—1972）。
上图右： 伽利略审判。
下页上图： 亚利桑那州的巴林杰陨石坑（Barringer crater）。
下页下图： 墨西哥湾希克苏鲁伯陨石坑（Chicxulub crater）。

学科价值

　　了解宇宙的主要组成部分的价值在于，让我们更好地认识自己生活的地方。人类拥有强烈的探索和发现周围环境的冲动——而行星、恒星和星系构成了我们的宇宙环境。

　　了解太阳系的结构，对于更好地掌握小行星撞击也很有价值。大约6500万年前，一块直径约10千米的小行星以20千米/秒的速度坠入地球。它在墨西哥湾产生了一个直径200千米的巨大的陨石坑。它释放的爆炸能量是第二次世界大战期间投下的原子弹的50亿倍。陨石消灭了周围的所有生命，并造成了直接的、灾难性的气候变化，导致了恐龙的灭绝。

　　这种影响是罕见的，但在未来的某个时候会再次发生。对太阳系的结构和运作有了更好的了解，我们就可以密切关注其他撞击物，并制订计划来防止它们撞击地球。

　　了解恒星、行星和星系的基本知识，也是更好地了解宇宙的过去和未来的重要起点。

未来发展

随着时间的流逝,我们在测量遥远的星系方面有了更好的表现。直到20世纪90年代,我们才能够使用某些类型的超新星作为"标准坎德拉法"来观察(从而追溯过去的)星系,那些星系的光已经向我们传播了100多亿年——超过了宇宙寿命的70%。

关于行星的形成,我们还有更多需要发现。例如,现在人们认为,曾经有一个行星大小的天体撞向年轻的地球,爆炸产生的一大块碎片混合了地球和该行星的物质,从而形成了地球异常巨大的卫星——月亮。不过,这种假说还不能确定,还有一些异常情况有待解释。

必然的是,鉴于所涉及的距离和通常的非直接的测量,以及我们制造出的更好的天基望远镜(这些望远镜避免了大气层造成的扭曲,要远优于地球上的望远镜),我们能够提高自身的知识水平。例如,我们直到最近才能够探测到其他恒星周围的行星,但我们已经快要发现它们的大气层和组成了。同样,利用引力波等观察太空的新方法,我们能够探测到前所未有的东西。

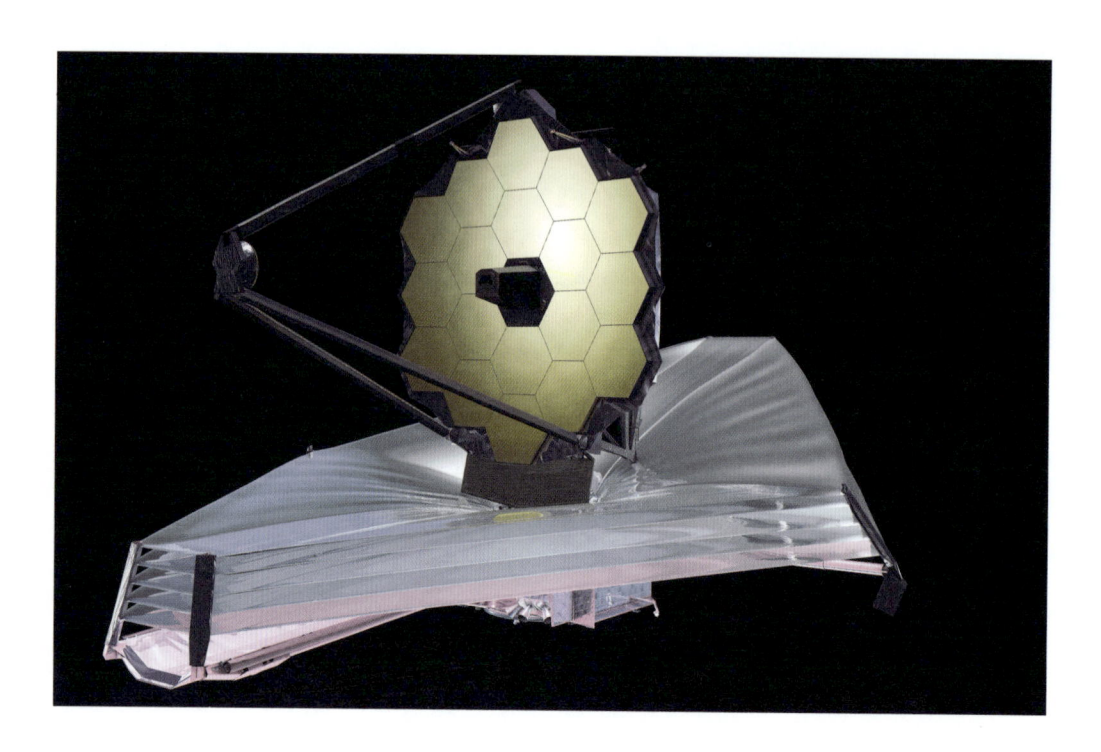

上图:詹姆斯·韦伯空间望远镜[6],于2021年发射

[6] James Webb Space Telescope(JWST)于2002年以美国NASA第二任局长詹姆斯·韦伯的名字命名。其发射时间一再推迟,最终于2021年12月25日发射升空。——译者注

知识回顾

起源与发展	核心理论	求同存异	学科价值	未来发展
古希腊天文学家将天体分为恒星和"游荡的星"——行星，行星最初包括太阳和月亮，但不包括地球。 **公元前3世纪** 数学家阿基米德估算出了宇宙的大小，即我们现在所知的土星轨道直径。 **16世纪**的天文学家哥白尼把太阳置于宇宙的中心。 **18世纪**的天文学家威廉·赫歇尔认为，星云可能是其他星系。	太阳（和所有其他恒星一样）通过核聚变运行。原子融合在一起形成更重的元素时会释放能量。 **太阳系中的物质**因为分布不均匀导致拉力失衡而开始旋转。随着物质被拉到一起而加速，物质旋转成一个圆盘，就像一个正在旋转的比萨饼。 恒星的核聚变**产生了铁元素**：较重的元素来自超新星爆发。 银河系的直径约为**20万光年**，但宇宙包含**上千亿个星系**，直径超过900亿光年。 我们可以利用**光谱学**研究恒星发出的光，从而了解恒星的组成。 可以使用**视差法**和**标准坎德拉法**测量地球到恒星的距离。	**亚里士多德**的支持者认为，地球是**宇宙的中心**，若非如此，亚里士多德物理学就无法解释。《圣经》中的论点也被用来支持这一立场。 直到1920年，对于**银河系就是整个宇宙**还是存在其他星系，人们仍然存在分歧。 当人们测量得知地球与**其他星系**的距离远远超过银河系的大小时，这场争论有了定论。	了解我们自身的环境符合人类**探索**和了解周围事物的冲动。 了解太阳系的结构和机制，使我们能够**跟踪并转移**可能与地球发生灾难性碰撞的**小行星或彗星**。	我们使用**标准坎德拉法**测量星际距离的能力一直在提高。 关于**行星的形成**，我们还有很多的东西要学习。例如，地月系统的发展仍存在争议。 更高级的太空望远镜使我们能够发现更多其他**恒星周围的行星**。 新的天文方法，如利用**引力波**，使我们能够看到更远，也因此可以追溯到更久远的时间。

物理学和宇宙学

暗物质与暗能量

思想概述

> 一个巨大宇宙的奥秘，一度似乎即将解决，却愈演愈烈，让天文学家和天体物理学家比以往任何时候都更加困惑。这一关键点是……宇宙的绝大部分质量似乎消失了。
>
> 威廉·布拉德，194年

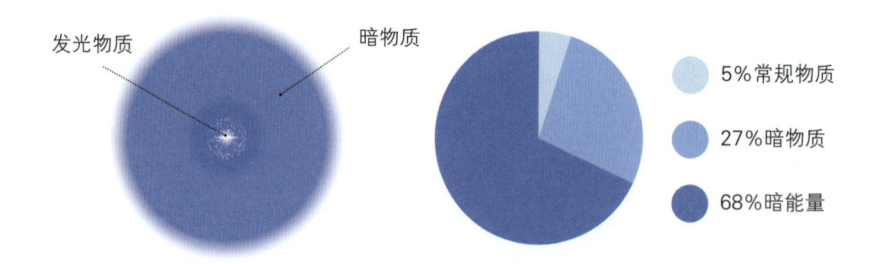

宇宙如此广袤，包含上千亿个星系，其中许多星系又包含数十亿颗恒星。然而，有强烈的迹象表明，我们已知的宇宙内容只占宇宙整体的5%左右。

宇宙中可能存在一种不可见的物质，即暗物质，它不以电磁方式相互作用，但它具有引力效应。我们之所以知道它的存在，是因为它影响着星系和星系团的运动。在通常情况下，这些星系和星系团的旋转速度比天文学家估计的其所含物质所能达到的速度还要快。应该不存在足够的引力将它们固定在一起，所以我们假设还存在我们看不到的其他物质。

宇宙总能量的约27%由暗物质贡献，约5%由常规物质贡献，剩余的68%的能量都是暗能量，这是一种导致宇宙加速膨胀的神秘能量。它在局部层面上是微小的，但在浩瀚的宇宙中，它如此之大——相当于所有其他物质（包括暗物质）质量的两倍。

上图左：星系周围的暗物质光环。
上图右：宇宙中物质/能量的比例。

起源与发展

与天文学和天体物理学的基本知识面不同，暗物质和暗能量都是非常现代的概念。1933年，瑞士裔美国天文学家弗里茨·兹威基（Fritz Zwicky）首次提出暗物质的概念，以解释一个被称为后发星系团（Coma Cluster）的旋转。他把自己想象的原因命名为"dunkle matrie"——德语，意为"暗物质"。

这个想法在很大程度上被忽略了，直到20世纪70年代，美国天文学家薇拉·鲁宾（Vera Rubin）与仪器设计师兼天文学家肯特·福特（Kent Ford）合作，观察到一些星系并没有像预期的那样旋转。星系并不是一个实心的圆盘：所有的恒星相对于彼此的旋转速率都不固定，这便说明它们并非直接相连。人们的预期是，旋转速度将从星系中心相对较低的速度迅速上升，然后在更远的距离逐渐下降。但实际上，旋转速度相对平稳。远离中心的恒星的旋转速度与靠近中心的恒星的旋转速度相似。

鲁宾推断，在每个星系的外部都有一个空心球体，由尚未发现的物质组成，但是它的名字"光环"（halo）却颇具误导性。对于正常物质来说，这样的分布不太可能，但对于只在引力作用下的物质来说则是合理的。

暗能量

暗能量是更为近期的发现。哈勃测量出星系的红移后，人们已知道了宇宙正在膨胀。随着时间的流逝，随着宇宙间物质之间的引力发挥"刹车"作用，这种膨胀势必会放缓，这似乎是不可避免的。1997年，两个小组研究了远距离超新星的数据，这些数据可以用来测量远大于以前使用"标准坎德拉法"可以测量的距离。由于这样可以使得研究人员回溯到几十亿年前，人们期望发现宇宙膨胀的速度正在减慢。但他们惊讶地发现，宇宙正在加速膨胀。尽管后来人们花了好几年的时间才整理出更多的确凿数据，但是暗能量的存在推动了宇宙加速膨胀这一理论的发展，该理论现在已经被广泛接受，尽管还没有出现被广泛接受的解释。

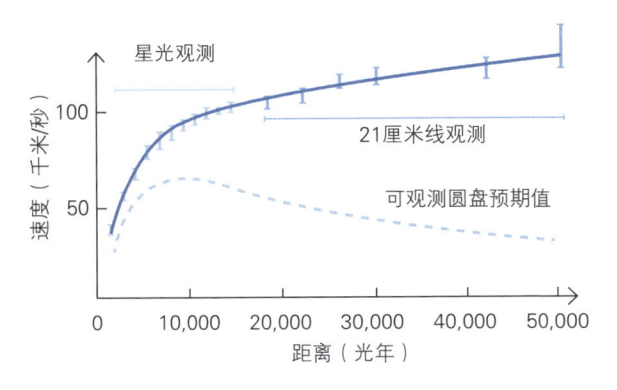

上图：弗里茨·兹威基（1898—1974）。
中图：薇拉·鲁宾（1928—2016）。
左图：星系自转曲线显示星系中恒星的速度与期望值的偏差。

核心理论

失落的物质、探测尝试和意外加速

有大量证据表明，存在某种物质使得星系和星系团以不太符合广义相对论的方式旋转，因此人们对这种"失落的物质"（missing matter）的本质进行了许多推测。这种物质需要由没有电磁相互作用但有质量的粒子组成。

第一个候选者是中微子——一种低质量粒子，在核反应中大量产生。每秒都会有来自太阳的数万亿个中微子穿过人类的身体而不被发现——它们不参与电磁的相互作用。但是，中微子质量非常低（最初人们认为它们和光子一样根本不具有质量），而且运动速度极快。目前还不存在一个将中微子作为暗物质的可行模型，来合理描述中微子被星系周围的巨大光环所捕获的现象。

WIMPs和MACHOs

其余候选者大致分为两种类型：弱相互作用大质量粒子（WIMPs，即Weakly Interacting Massive Particles）和晕族大质量致密天体（MACHOs，即Massive Compact Halo Objects）。MACHOs可能是我们观测不到的普通物质，比如尘埃和黑洞。然而，在MACHOs中，要获得足够的质量保证，还存在严重的不足。宇宙学家已经计算出宇宙中应该有多少普通物质，而它明显少于物质加暗物质的总和。而正如我们所见，普通的物质不可能形成球状光环。

WIMPs则必然是一个相对巨大的粒子，在粒子物理学标准模型之外，但也存在着问题。理论家们认为，WIMPs的质量应该可以为粒子加速器（如大型强子对撞机）所获得，但在对撞机中从未检测到这样的粒子。人们建立了许多其他的实验模型来直接探测暗物质粒子。

虽然它们不与普通物质相互作用，但仍有极小的可能性与原子核直接碰撞（中微子也是如此，需定期探测）。为了减少普通物质粒子的干扰，科学家们在地下深处设置了特殊的探测器。科学家们找寻那些微小的闪光——碰撞中释放的能量。尽管历经多年的寻找,但他们从未发现任何暗物质粒子。

多年来的暗能量研究也存在问题。首先面临的问题是测量距离地球数十亿光年的星系。这对于当时已知的"标准坎德拉法"(都是变星)来说,实在是太遥远了。但是两个相互竞争的小组(一个由天文学家组成,另一个由物理学家组成)都成功地证明可以采用一种特殊类型的超新星——Ia型超新星。超新星爆发时会有强烈的亮度,然后逐渐变暗。科学家无法直接比较超新星的亮度,但是,他们可以通过比较亮度消逝时的曲线图来发现(在相对较近的超新星中,可以使用其他距离测量方法)曲线的形状是否对某一特定亮度来说是独一无二的。这意味着亮度曲线可以用作距离度量。

> 多年来的暗能量研究一直存在问题。首先面临的问题是测量距离地球数十亿光年的星系。

测量宇宙

这种测量方法在20世纪90年代才得以实现,原因之一是望远镜使用方式的改变。历史上人们通过望远镜进行直接观测,但是到了19世纪下半叶,人们开始采用摄影技术。这极大地改善了天文学,因为摄影可以进行长时间的曝光,拍摄到相对暗淡的恒星,同时可以使天文学家从容地查看整个视野。然而,使超新星测量成为可能的突破口是电子传感器,就像数码相机中的传感器一样。电子传感器的使用意味着可以测量不断变化的光照度,而不仅仅是拍一张快照。

上页图:后发星系团,兹威基的暗物质证据。
上图:现代大型望远镜使用电子传感器而不是直接观测。
中图:位于加拿大安大略省的DEAP-3600暗物质探测器。
右图:显示超新星强度变化的曲线有助于识别其实际亮度。

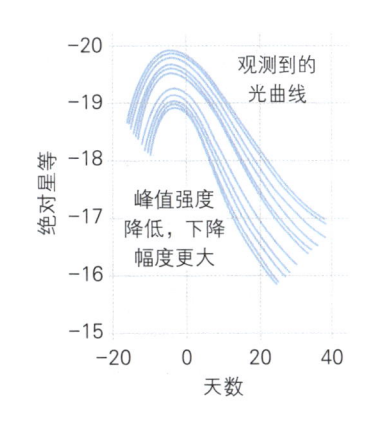

求同存异

> 爱因斯坦多年前曾对我说，宇宙排斥的想法是他一生中犯的最大的错误。
>
> 乔治·伽莫夫（George Gamow），1956年

尽管暗物质仍然是关于星系旋转速度最广为接受的解释，但暗物质的存在只是间接推断，迄今为止，所有直接探测暗物质的尝试都以失败告终。还有一种观点认为，在处理星系规模的物体时，必须修改引力理论。

第一个支持这一观点的理论是修改的牛顿动力学（MOND），由罗马尼亚-以色列天体物理学家莫德采·米尔格若姆（Mordehai Milgrom）于1983年提出。此后，一些处理具体问题的变体理论也加入了MOND。暗物质的支持者指出了一些具体的例子，比如一个被称为子弹星系团（Bullet Cluster）的奇形怪状的星系团，它与MOND假说并不相符。然而，这些支持者很少指出的是，许多其他星系比暗物质更符合MOND的预测。

暗物质根本不存在？

美国数学家唐纳德·萨里（Donald Saari）进一步指出，在星系这样复杂的结构中，对普通物质的作用的分析是错误的，宇宙根本不需要存在暗物质。

虽然暗能量的存在已被广泛接受，但其所涉及的测量非常困难，所以它仍然可能被证明不准确。然而，人们争论的往往是暗能量的由来。产生暗能量效应的一种方法是加入一个宇宙常数，但其值和爱因斯坦提出的不同。这并不能解释是什么导致了这种效应——在任何时期都有至少50种不同的理论，但迄今为止还没有一种理论能脱颖而出。

学科价值

因为暗物质和暗能量似乎构成了宇宙的大部分,所以更好地掌握它们所涉及的内容,对于理解宇宙是如何构成的至关重要。暗物质的存在,既挑战了粒子物理学标准模型,又挑战了广义相对论的某些方面。暗物质也是一个罕见的例子,它存在着支持和反对其存在的两个对立派系,每个派系都有很强的科学依据。科学家们并不习惯处于这样的境地:在许多暗物质支持者的口中,似乎暗物质的存在已经是毋庸置疑的事实。

与此同时,暗能量突破了在获得远距离精确测量方面的技术局限性,同样,迄今为止,暗能量也无法用一个被广泛接受的理论来解释。尽管有些人可能将暗物质和暗能量描述为现代科学的失败——毕竟,我们不知道宇宙的95%是什么,但更确切的说法应该是,这是对进入这一领域的年轻科学家提出的极好的挑战。19世纪末,曾有人宣布科学已经终结,只有一些细节问题有待解决。量子力学和相对论颠覆了这一认知。同样,暗物质和暗能量也清楚地表明,我们离一个自己已经"万物皆知"的无趣阶段还相去甚远。

上页上图:莫德采·米尔格若姆(1946—)。
上页下图:子弹星系团。
上图:星云和星系——哈勃望远镜。

未来发展

尽管探测实验一直失败，但直接探测暗物质的实验仍在被不断构建。与此同时，理论家们正在发展更好的MOND，也在不断创新研究方法，例如结合每种理论的各个方面的混合方案。我们可以期待看到暗物质存在的最终定论。在暗能量领域，实验方面的大部分工作在很大程度上依赖于更好的新型望远镜——能够发现更遥远的超新星，并能更清晰地显示在最遥远的星系成像时，我们所看到的时间有多久远。目前，理论家们对暗能量是一种恒定的效应，还是一种会随时间变化的效应仍存在争议。

> 正如宇宙学中更极端的方面经常出现的情况，从推测转向任何有可能被广泛接受的理论可能需要很长时间。

由于数据的矛盾，一些关于暗能量如何运作的理论已经被否定。不过，其他的新理论仍在不断发展，其中一些理论没有显示出可以被检验的迹象。正如宇宙学中更极端的方面经常出现的情况，从推测转向任何有可能被广泛接受的理论可能需要很长时间。也许永远不会发生，但这种可能性存在，即找到一个被广泛接受的暗能量成因理论，它可能会和量子引力理论的提出一样震惊整个物理学界——这两者甚至可能是相通的。

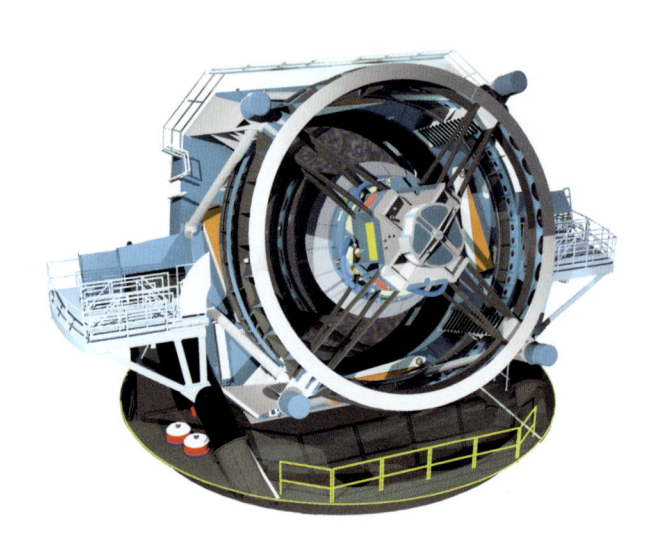

上图： 薇拉·鲁宾天文台[7]，它将寻找暗物质和暗能量的证据。

[7] Vera C. Rubin Observatory，2019年7月23日以薇拉·鲁宾的名字命名，以纪念这位已故的卡内基科学研究所（Carnegie Institute of Science）女天文学家，她证实了星系中暗物质的存在。

知识回顾

起源与发展	核心理论	求同存异	学科价值	未来发展
1933年 弗里茨·兹威基注意到后发星系团的旋转速度比预期的要快,这表明存在额外的、看不见的暗物质。	宇宙中约有**5%的能量是普通物质提供的**,暗物质提供的能量约占**27%**,暗能量约占**68%**。	莫德采·米尔格若姆提出,表观暗物质在处理星系时可能是广义相对论中的一个小误差,因此MOND认为暗物质可能不存在。	暗物质和暗能量似乎占了我们目前尚不了解的**宇宙的95%**。	人们还在不断构建**新的暗物质探测实验**。
20世纪70年代初 薇拉·鲁宾和肯特·福特观察到星系中恒星旋转速度的异常曲线,表明大多数星系有暗物质晕。	各种粒子,包括中微子、MACHOs和WIMPs,都被推测为是**暗物质粒子**。但人们从未检测到暗物质粒子。	数学家唐纳德·萨里认为,暗物质效应是恒星在引力作用下相互影响的一种**计算错误**。	关于暗物质的争议引起了**科学社会学专业人士**的关注,因为很少有两个强烈对立的派系拥有同样强大的理论。	理论家们正在发展更好的MOND,以表明暗物质不是必然存在的。
1997年 两个小组对遥远的星系进行研究,发现宇宙膨胀的速度正在加快,这是由一种神秘的"暗能量"推动的。	人们在使用**超新星**测量地球到遥远星系的距离时,发现了暗能量。	爱因斯坦称"宇宙常数"是他一生中**最大的错误**,但宇宙常数可以用来表示暗能量。	暗物质和暗能量为未来的科学家提出了一个**迷人的挑战**:科学尚未因为我们已"万物皆知"而变得无趣。	新型望远镜正在对各种遥远星系的范围进行**更精确的测量**,从而更容易明确暗能量的规模。
	直到望远镜上使用了**电子传感器**,可以测量超新星随时间变化的亮度,人们才将超新星作为标准坎德拉。	至少有**50种不同的**理论试图解释暗能量。		**暗能量的某些理论已被摒弃**,但其他理论仍在不断发展。

多元宇宙和其他奥秘

思想概述

> 人们可以说:"宇宙的边界条件就是没有边界。"
>
> 斯蒂芬·霍金,1988年

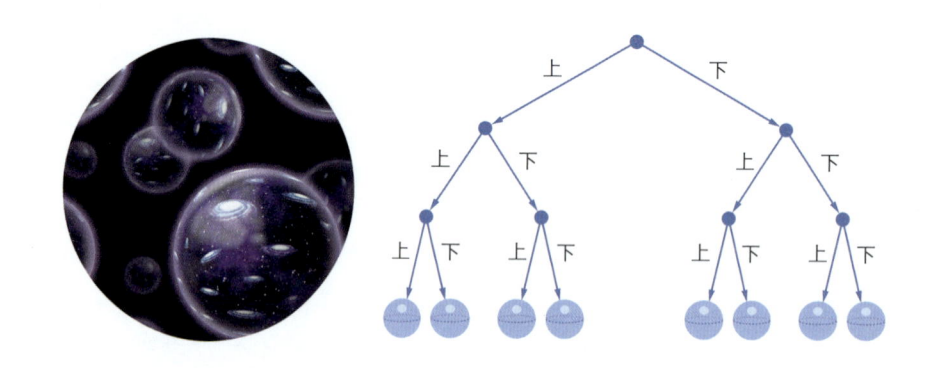

宇宙学和物理学中最具思辨性又最吸引人的观点认为,宇宙不仅仅是一个单一的、统一的物理实体。大爆炸理论为我们描绘了一幅宇宙的图景,它从一个无穷小的点开始,发展到现在的规模。但是,对于宇宙来说,可能不止如此。

在我们对宇宙的认识中,没有任何东西能够说明宇宙仅限于大爆炸的景象。一个普遍的概念认为,我们的宇宙只是一个更大的"多元宇宙"的一小部分——真正的宇宙由许多更小的膨胀之中的宇宙组成,就像一片水面上膨胀的一系列气泡(在三个维度上)。每个气泡都是独立的,对其他宇宙一无所知。

量子力学有一种解释,有时会与多元宇宙假说相混淆。量子力学中的"多世界诠释"也涉及多个宇宙,但在该诠释中,每个宇宙实际上是其相邻宇宙的另一个版本,每当一个量子事件有两个不同结果的选择时,它就会分裂成两个。

起源与发展

尽管历史上曾有过"多个世界"的提法,似乎与多元宇宙的概念相呼应,但它们只是指宇宙中存在不止一个宜居星球。

启发多元宇宙思想的一个概念是人择原理(anthropic principle)。简单来说,该原理是一个简单的逻辑推导。人择原理认为,因为人类的存在是为了观察宇宙,所以宇宙必须以人类能够存在的方式运转。尽管它听起来微不足道,但天体物理学家弗雷德·霍伊尔(Fred Hoyle)至少用它推断出了一条科学证据。

为人类打造?

更具争议的是强人择原理,该原理认为,要让宇宙满足人类如此存在的条件,需要有太多的巧合。例如,许多物理常数只要稍微不同,生命就不存在了。因此一定有一种机制,使得这样一个不可能的宇宙成为可能。强人择原理的支持者认为,由于多元宇宙可能包含具有一系列不同自然常数的宇宙,因此,至少有一个宇宙允许人类存在的可能性要大得多——所以我们才会在这里。

1957年,美国物理学家休·埃弗雷特(Hugh Everett)在其博士论文中提出了多世界诠释,以解决量子力学中的一个问题,即当量子粒子相互作用时,一个初始概率的集合如何"坍缩"为一个特定结果?多世界诠释可以绕过这个问题,让概率永远不会坍缩。多世界诠释说的是,所有可能的结果都发生在不同的宇宙中,但我们只能见证一种结果。

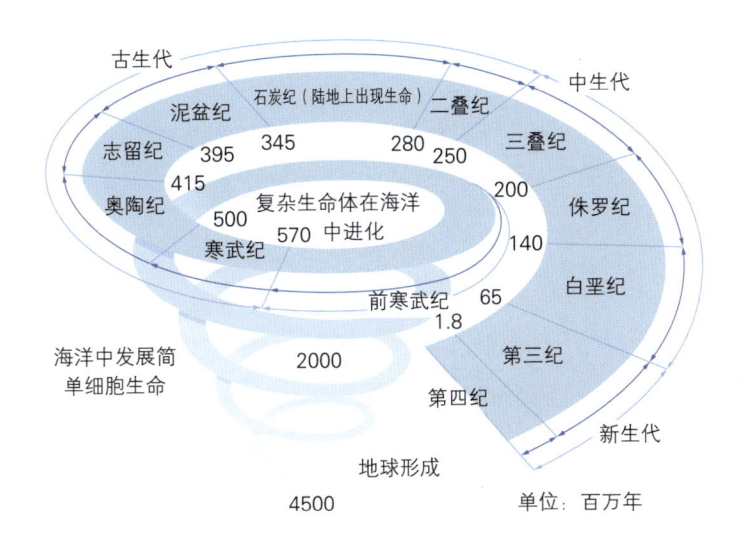

上页左图:一个多元宇宙可能由许多个泡沫宇宙组成,每个泡沫宇宙都有自己的大爆炸。

上页右图:在多世界诠释中,宇宙随着量子事件的每种可能结果而分裂。

左图:地球上生命的发展,取决于许多物理常数是否接近实际值。

核心理论

泡沫、膜和平行现实

随着宇宙的膨胀，我们知道存在一个直径约900亿光年的区域。大多数宇宙学家和物理学家认为，我们不知道在那之外还有什么——可能还有一个更广袤的宇宙。

那个宇宙可能和我们的环境完全一致，也具有和我们相同的自然法则和自然常数。然而，也有可能在更广泛的多元宇宙范围内出现过许多次大爆炸，每一次大爆炸都出现了一个不断膨胀的宇宙。如果是这样的话，那么每个宇宙可能都在膨胀（记住，我们的宇宙并没有膨胀到"太空"——膨胀的是"太空"本身）。

虽然每个宇宙都可能具有相同的自然法则和自然常数（被强加于更广泛的宇宙），但每个宇宙也有可能具有自己的自然法则和自然常数。

宇宙彩票

用人择原理证多元宇宙的方法，可以用彩票的例子来说明。假设拥有一个具有正确法则和常数的宇宙就像拥有一张中奖彩票一样，再假设有100万张彩票，只有一张会中奖，如果存在一个单一的宇宙，就好像100万张彩票中只发行了一张，而它恰好是中奖的那张——概率相当之小。多元宇宙就像所有彩票都能遇到幸运儿——总有人会赢。任何一个特定的宇宙都有可存活的法则和常数的概率仍然很低，但有一个宇宙会有。而正因为我们在观察它，所以这个宇宙就是我们的宇宙。

上图：多元宇宙的论点与中彩票的概率相呼应。

如果弦理论正确的话，那么可能会出现一个多元宇宙的变体，存在着我们观察不到的另一个空间维度。如果确实如此，那么我们的宇宙可能是一个飘浮在多维空间中的三维物体［被称为膜（brane）］……而且可能有更多这样的膜，与我们自己的膜分离。

同时，多世界诠释更接近于一系列平行的现实，每一个现实与下一个现实几乎并无二致，每一个现实都做出量子选择。举例来说，如果一个量子粒子可以自旋向上或者自旋向下，那么我们通常说当它与周围环境相互作用时，它会呈现其中一个值。在多世界诠释中，宇宙分裂成两个，一个宇宙中的粒子自旋向上，一个宇宙中的粒子自旋向下。

证　据

没有任何证据可以证实多元宇宙的存在，而且很可能永远也不可能找到任何证据，因为多元宇宙中一个宇宙的信息无法到达另一个宇宙。多元宇宙的概念仍然纯属猜测。有科学家认为，可能有一些特殊的测量方法可以在原则上（而非实践中）区分多元宇宙和单一宇宙，但他们的建议没有得到广泛的支持。

多元宇宙的唯一论点是，我们目前的宇宙的存在是"几乎不可能"（very unlikely）的。举例来说，将夸克聚在一起并束缚原子核的强核力只需要比宇宙中的大2%左右，恒星就将不再运转。但是，当然，不可能的事情也确实发生了，如果宇宙不支持生命，那么就没有我们在这里观察到它们的发生了。

此外，还有人提出了另一种机制，可以检测多世界诠释的作用，但这个想法不可能付诸行动，仍然没有佐证。

上图：多世界诠释给出了一系列平行现实的图景。

求同存异

> 如无必要,切勿假定繁多(理由)。如无必要,勿增实体。
>
> 奥卡姆的威廉,1324年

中世纪的奥卡姆剃刀法则(Ockham's razor),即实际上,我们不应该让解释变得比需要的更复杂,经常被用来反对多世界诠释。存在一组近乎无限的宇宙,每当一个微小的量子粒子可以有一个以上的结果时,就会催生出一个全新的宇宙,这种说法似乎有些夸张。大多数物理学家不接受这种解释。

至于宇宙学的多元宇宙,有人认为不是科学。科学要求理论应该是可证伪的。很多理论无法被证明为真,但倘若有办法反驳之,且大量现有的证据又无法反驳,我们就可以给这个理论以支持。但是,即使没有任何机制来证明一个理论是错误的,也不能真正认为该理论是科学的。例如,有一种理论认为,在美国华盛顿特区的市中心有一条隐形的巨龙——任何仪器都无法探测到它。我可以假设它的存在,但没有任何能力去反驳它的存在,这种假设就不是科学,而是幻想。许多人认为多元宇宙也属于类似的范畴。

学科价值

多元宇宙这样的理论，只能说是思维扩展或为了好玩。因为它们没有任何证据支持，所以不能用于任何直接的科学目的，也不能指望有任何实际应用。

事实仍然是，诸如多元宇宙这样的理论颇具吸引力。从时间旅行到存在意识的机器人，科学的思辨性、戏剧性和前卫性往往会激发人们的兴趣。毫无疑问，有些人因此对科学产生了兴趣，并因为迷恋那些匪夷所思的想法而成为重要的科学家。

不过，这种想法也确实存在弊端。个体可以将自己的职业生涯投入到永远不会有结果的猜测上，但让学者们研究即使是其他科学家都认为毫无意义或根本不是科学的概念，会让公众和资助机构对相关人员产生负面的看法。这是一个需要考虑的问题。

上页上图：奥卡姆剃刀法则建议我们应该让假设尽可能简单。
上页下图：一个没有办法检验的假说，相当于暗示有一条无法找到的龙。
上图：科学的思辨性、戏剧性和前卫性会吸引个体进入该领域。

未来发展

一些宇宙学家认为，宇宙微波背景辐射是我们的宇宙和其他宇宙曾经发生碰撞的证据。目前还没有找到可以如此诠释的证据，但将来有可能找到。这样的发现肯定不会使多元宇宙成为现实。

同样地，生于1931年的英国物理学家罗杰·彭罗斯（Roger Penrose）也提出，以量子计算机作为大脑的人工智能，可以用某种方式从多元宇宙的各个局部区域获取信息，从而能够区分多世界诠释与其他量子诠释。考虑到这样一种装置超出了我们目前的理解范围，并且很少有人认同，这也是一条不会给出答案的道路。

毫无疑问，对于不同形式的多元宇宙的存在以及它们将产生的影响，人们将会有更多的猜测。即使这些猜测仍然只属于科幻小说而不是科学事实，但对一些人来说，它依然会带来快乐。

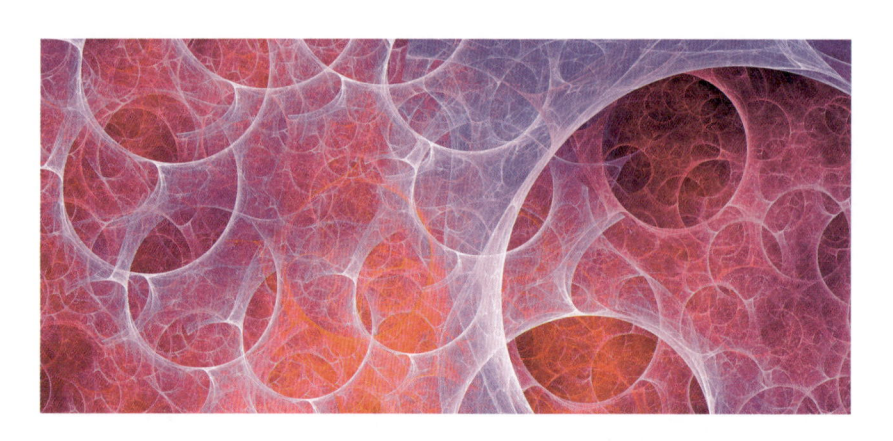

上图： 罗杰·彭罗斯。
下图： 对多元宇宙不同形式的推测无疑将继续。

知识回顾

物理学和宇宙学

起源与发展	核心理论	求同存异	学科价值	未来发展
历史上提到的**"多个世界"**指的是其他行星，而不是真正的多元宇宙。	我们不知道在**直径900亿光年**、可观测的宇宙之外还有什么。	**奥克姆剃刀法则**说，我们不应该让解释变得比需要的更复杂，而**多世界诠释**似乎格外夸张。	类似的理论只能是**思维扩展**或为了好玩。	有人认为，**宇宙微波背景辐射**可能包含**宇宙碰撞**的证据，但目前还没有发现任何证据，因此很难说这样的数据是如何确定的。
人择原理认为，宇宙必须设置成一种特殊的方式以让人类生存，这一原理被用来论证这样一个不太可能的宇宙应该是许多可能的宇宙中的一个。	在更广阔的多元宇宙中可能有**许多大爆炸**，每个大爆炸都形成了独立的膨胀宇宙。	许多人认为多元宇宙根本不是科学，因为它**不能被证伪**。	像多元宇宙这样夸张的理论颇具**吸引力**，引导一些人进入科学领域。	罗杰·彭罗斯曾提出，**具有量子大脑的人工智能**可以探测到多元宇宙之间的相互作用，但其他人对此表示怀疑，并且该技术超出了人类目前的理解范围。
1957年 休·埃弗雷特认为，为了避免**量子概率坍缩**成一个单一的观测值，最好将宇宙按每个可能的结果分裂成不同的宇宙。	**每个宇宙都有自身的自然法则**，但其特定组合至少会发生一次，就像中奖彩票一样。	多元宇宙就像一条**无法被探知的巨龙**，其概念没有证据支持，也无法被推翻。有些人认为这只是幻想。	然而，个人可能会把事业浪费在**猜测性的工作**上，但对这些工作的不认可会使外界怀疑科学的价值。	这个领域将会产生**更多的思辨性**理论，很多人会乐观其成。
	在弦理论中，**三维膜**飘浮在多维多元宇宙中，每个膜都是一个完整的宇宙。			
	在一个**多世界的宇宙**中，当一个粒子可以自旋向上或自旋向下时，我们会得到两个宇宙，每种结果都有一个。			

113

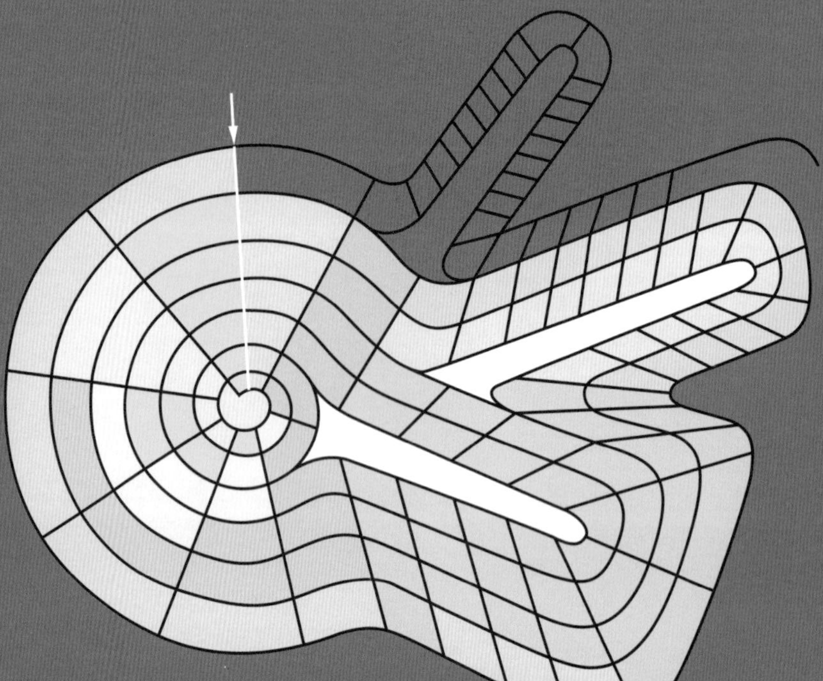

化学

原子结构

思想概述

> 英国皇家化学学会（Royal Society of Chemistry, RSC）不会（对化学）有一个官方定义，但化学是一种"看到就会知道"的东西。
>
> 英国皇家化学学会，2017年

与物理学或生物学相比，化学往往是一门不太引人注目的科学。一个原因可能是，人们很难确定到底什么是化学。化学曾被定义为元素及其组合的科学，但更精确的定义应该是研究原子结构的科学，因为几乎所有的化学要么与原子的内部成分有关，要么与原子外部电子的分布有关。

原子曾被定义为物质的"不可切割"的极限，最初人们认为原子没有内部构造，但现在我们知道，原子具有至关重要的结构。从化学的角度来看，物理学家认识到原子核的主要成分存在子结构这一点，其实毫无意义。对化学来说，最重要的是原子核中质子和中子的数量以及原子核周围电子的分布。

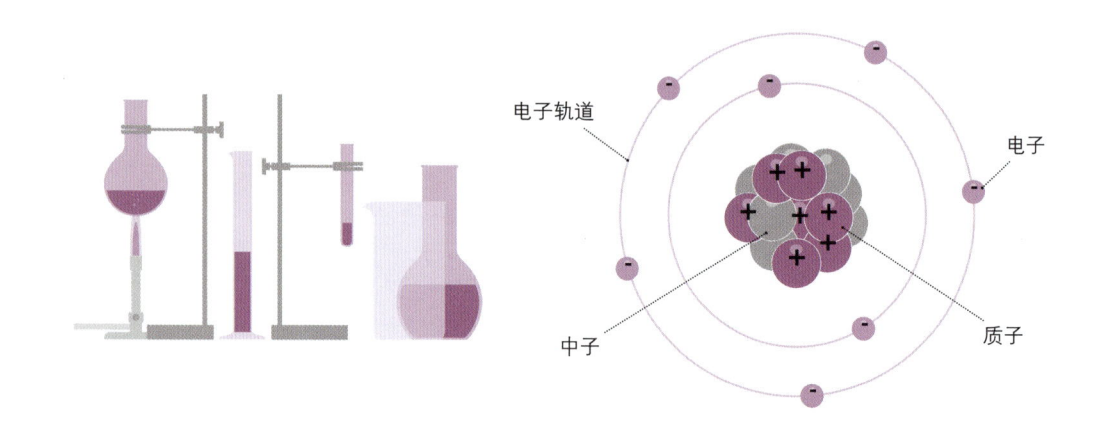

上图左：化学曾被视为元素及其组合的科学。
上图右：更确切地说，化学是研究原子结构的科学。

起源与发展

英国科学家约翰·道尔顿是第一个明确尝试根据分子（由原子组合而成）识别材料结构，并为不同的原子赋予相对权重的人。1803年，他以最轻的、质量为1的氢原子为基础，列举出许多原子的重量。他还推导出一些化合物中元素的比例。道尔顿所采用的设备即使在当时那个时代看也是非常简陋的，而且一些数据弄错了。然而，这已经是化学研究的一大进步了。

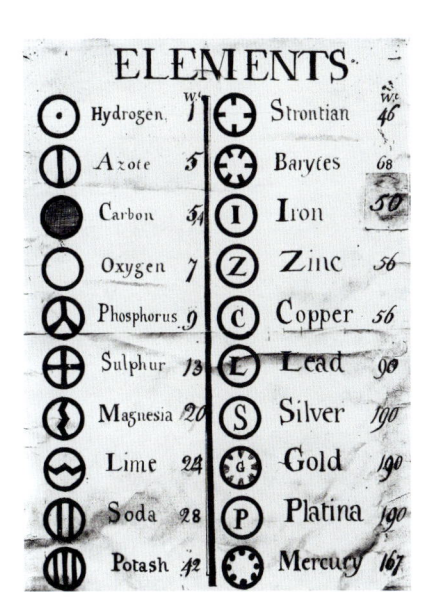

当时，很多人不接受原子的存在，但到了19世纪末，人们逐渐明白，原子并不是物质的最小组成部分。1897年，英国物理学家J. J. 汤姆逊将电子认定为一种独立的粒子。他发展出原子的"梅子布丁"（plum pudding）模型，该模型显示，原子由许多带负电荷的电子组成，这些电子悬浮在一个带正电荷的无质量区域。由于最轻的原子——氢原子比电子重1000多倍，因此汤姆逊认为氢原子含有1000多个电子（我们现在知道，氢原子只有1个电子）。

卢瑟福革命

1909年，汤姆逊的原子模型被推翻。在曼彻斯特进行研究工作的新西兰籍物理学家欧内斯特·卢瑟福，指导他的助手汉斯·盖革（Hans Geiger）和欧内斯特·马斯登（Ernest Marsden）进行了一项实验，其结果彻底改变了人们对原子结构的认识。在实验中，α粒子（带正电荷的氦原子核）被发射到一块金箔上。如果"梅子布丁"模型成立，那么粒子应该在扩散电荷的影响下发生小角度转移。但实际结果是，大部分α粒子直接穿过金箔，部分反弹回来，这说明金原子的中心有一个重质量的部分。卢瑟福采用生物学的术语，将其称为原子核。

随着丹麦物理学家尼尔斯·玻尔在1913年开始认识到电子轨道的量子性质，卢瑟福在1917年探测到原子核中的质子，以及英国物理学家詹姆斯·查德威克（James Chadwick）在1932年发现了中子，科学家对原子结构的认识基本完成。

上图：J. J. 汤姆逊（1856—1940）。
下图：道尔顿的化学元素表。

核心理论

原子核、轨道和化合价

> 化学分析和合成只不过是将粒子彼此分离,然后又使它们重聚。在化学作用范围内,物质既不能被创造也不能被消灭。要创造一个氢原子或消灭一个氢原子,如向太阳系引进一颗行星,或从既有行星中消灭掉一颗,一般是不可能的。
>
> 约翰·道尔顿,1808年

化学的核心思想是:物质(从最简单的氢气到复杂的有机物)由分子组成,而分子由原子组成。自然界已知有94种不同类型的元素(另外24种均为人工合成,它们因太不稳定而无法自然存在),其中一些在远古时期就已被发现,而另一些则是最近才被发现的。

元素的化学性质取决于其原子结构。每一个原子都由一个原子核和核外电子组成,原子核包含了原子绝大部分的质量。原子核周围聚集着低质量、带负电荷的电子。原子核又是由带正电荷的质子和呈电中性的中子组成的。每种元素的原子序数就是其原子的原子核中的质子数。例如,氢原子的原子核中有1个质子,氦原子的原子核中有2个质子。

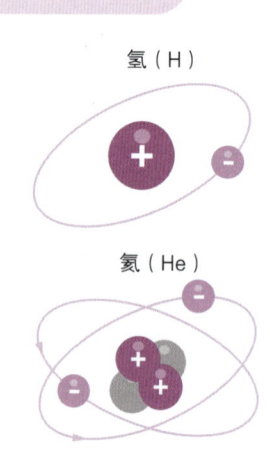

氢(H)

氦(He)

原子结构

特定元素原子核中的中子数可以变化。质子数相同而中子数不同的原子被称为同位素。在化学上,同位素的行为相同,但有些同位素不稳定,可以通过放射性衰变形成不同的元素。以碳原子为例,它有6个质子,但中子数可以是6个、7个或8个。区分同位素的方法是将质子和中子的数量

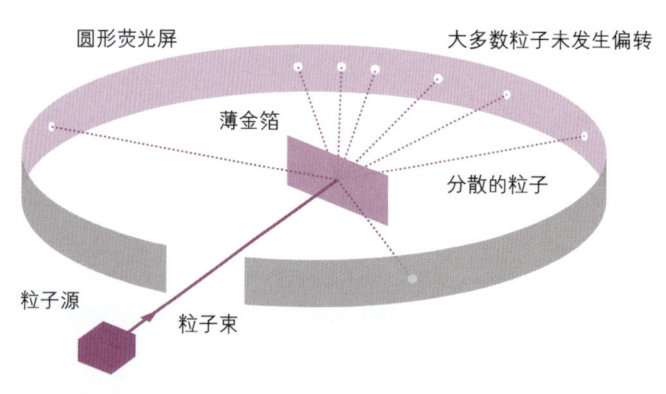

圆形荧光屏　　　　　　　大多数粒子未发生偏转

薄金箔

分散的粒子

粒子源

粒子束

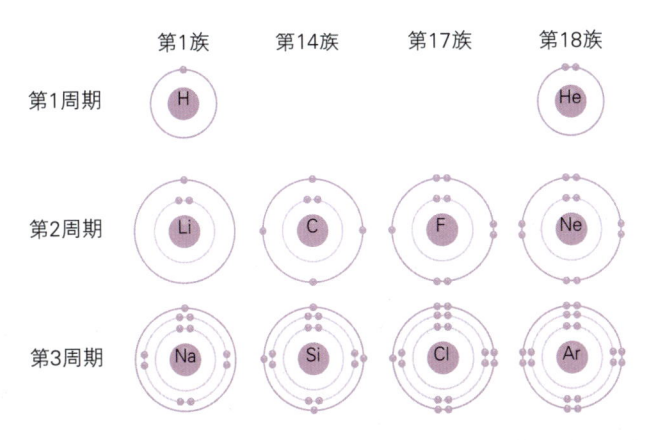

	第1族	第14族	第17族	第18族
第1周期	H			He
第2周期	Li	C	F	Ne
第3周期	Na	Si	Cl	Ar

相加。碳原子最常见的同位素具有6个中子,被称为碳-12,有时写成^{12}C(C是碳的元素符号)。

在原子核周围,分布在轨道的三维概率区域[8]的电子聚在一起形成"壳层"(shell),电子壳层被具有不同性质(如自旋)的电子占据。每个电子壳层所容纳的电子个数有限,最外电子壳层上电子的数量决定了元素的化学行为,因为不同元素之间的相互作用要么源于最外电子壳层上的电子被移除或将电子添加到最外电子壳层上,要么源于原子之间共享最外电子壳层的电子。最外电子壳层处于饱和状态时,往往会形成稳定的化合物。最外电子壳层的电子数(或填充它的空隙数)决定了原子与其他原子的反应方式。

证 据

原子结构的存在最初是通过卢瑟福金箔实验被发现的。质子的发现相对较快,因为氢离子(失去电子的原子)在自然界中很常见,它只有一个质子。中子的发现则花费了一段时间,因为需要进行核反应,使不稳定的原子核分解,才能发射出中子。

同位素是由英国化学家弗雷德里克·索迪(Frederick Soddy)与欧内斯特·卢瑟福在加拿大从事放射性研究时发现的。一些原子的重量不是氢原子的整数倍,这表明了同位素的存在,例如,氯原子的重量为35.45,它由重量分别为35和37的氯同位素组成。

关于原子核的更多细节来自对放射性的进一步研究,而电子轨道和电子壳层最初是随着量子力学的发展而以数学方式推导出来的。原子理论的核心为泡利不相容原理(Pauli exclusion principle),即两个电子不可能在同一个原子中处于同一量子态——它们至少有一个性质是不同的。目前,科学家已经用特殊的电子显微镜实验性地绘制出了少量的轨道。

上页上图: 简单元素的原子结构。
上页下图: 卢瑟福的实验证明了原子核的存在。
上图: 元素周期表中部分元素的原子的电子分布情况。

---

8 三维概率区域:存在一个波函数,此波函数可用于计算在原子核外的特定空间中找到电子的概率,并指出电子在三维空间中的可能位置。——译者注

求同存异

起初，人们对原子的存在相当抵触。例如，开尔文勋爵认为，所谓的原子其实是以太中的旋涡，以太是一种被认为充满所有空间的介质。

道尔顿的早期研究受到了一些公正的批评——除了弄错原子质量，道尔顿还认为原子会构成最简单的组合。比如，他认为水分子是HO，即有一个氢原子和一个氧原子，而不是正确的H_2O，即每个氧原子与两个氢原子结合。有人正确地指出，这是一种武断的认识，无法用任何证据证明。

> 开尔文勋爵认为，所谓的原子其实是以太中的旋涡。

那些认为原子不存在的批评者，在爱因斯坦关于布朗运动的研究面前，都保持了沉默。布朗运动是苏格兰植物学家罗伯特·布朗（Robert Brown）发现的，他发现花粉粒悬浮在水中时会四处跳跃。他最初认为这是由花粉中的某种生命力造成的，但随后他发现，这种现象也发生在没有生命的物质上。爱因斯坦用数学方法展示了水分子是如何引起布朗运动的。法国物理学家让·佩兰（Jean Perrin）继续爱因斯坦的研究，在实验基础上定义了原子的质量和大小。虽然量子力学家的新思想不可避免地会受到一些批评，但20世纪二三十年代理论与实验的发展，特别是对放射性物质研究的发展，很快使原子结构得到了人们普遍的支持。

上图左：开尔文勋爵（1824—1907）。
上图右：让·佩兰（1870—1942）。
下页图：原子结构对于理解从化学到核聚变的一切都至关重要。

学科价值

就好比我们对宇宙学的理解一样，对原子结构的了解扩大了我们对周围世界的认识，而且它本身也非常值得研究。然而，与宇宙学不同的是，了解原子的结构具有巨大的实际好处。

由于所有的化学反应都依赖于原子结构，因此，充分了解原子如何组合在一起，是化学的重要基础。无论尝试开发针对特定医疗需求的新药，还是生产新材料，对原子结构的全面了解都必不可少。

> 也正是通过对原子结构的理解，我们才得以了解太阳的运作方式。

也正是通过对原子结构的理解，我们才得以了解太阳的运作方式，并由此研究一种利用核聚变在地球上生产清洁能源的机制。同样，在试图提高太阳能电池的性能方面，通过光合作用了解自然界中使用原子的过程，有利于我们探寻清洁能源发电的全新机会。

未来发展

对原子结构的基本认识，不太可能为我们的未来带来惊喜。然而，在对原子的认知的基础上，我们在化学反应方面取得了重大进展。我们已经看到了以前不存在的化学元素的产生，相信还会有更多元素被发现。

在未来，我们可能会看到更多的分子组装——有效地对单个分子进行操作，以切割和构建新结构和新材料。在生物学领域，应用已经开始，特别是CRISPR（Clustered Regularly Interspaced Short Palindromic Repeats，常间回文重复序列丛集），这是一种用于编辑DNA长度的技术，可在需要的地方精确切割分子。

从长远来看，有人认为，我们拥有可以在原子水平上运作的纳米技术，使用"组装者"大军将原子组装成任何想要的组合，使《星际迷航》式的"复制机"成为可能，这种"复制机"可用于生产食物和饮料，即理论上能用基本原材料生产任何东西。目前，这些还只是科幻小说中的情节，但原则上是可能实现的。

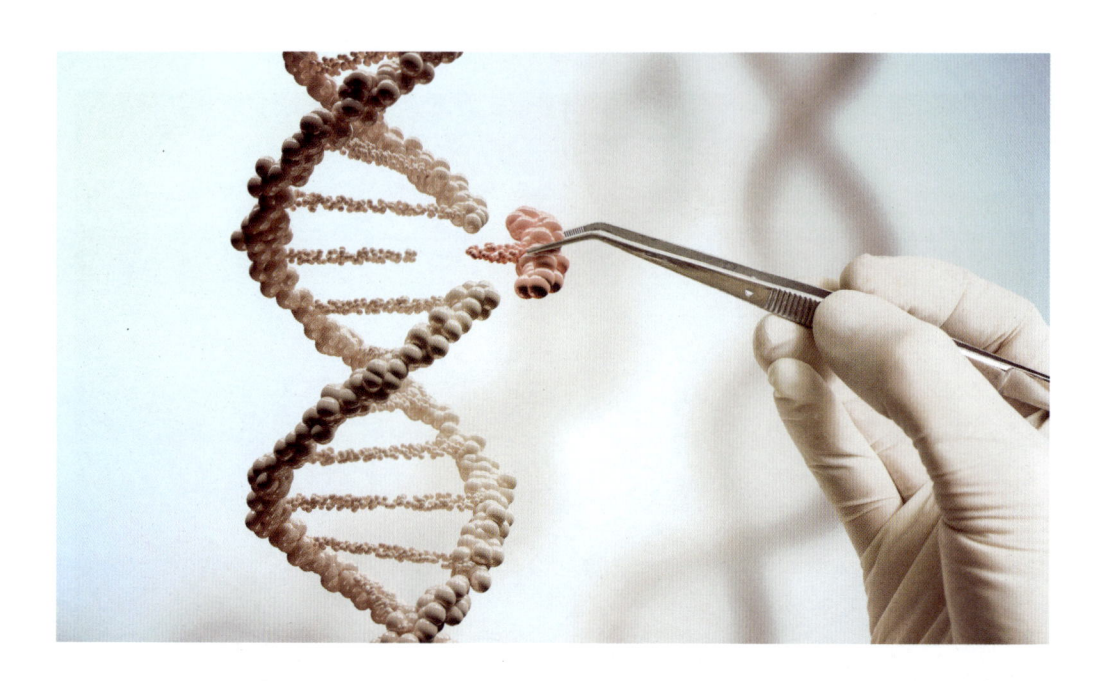

上图：CRISPR技术可以对DNA进行精确编辑。

知识回顾

起源与发展

1803年 约翰·道尔顿以氢为基准，列出了多个原子的相对质量，并推导出某些化合物的结构。

1897年 J. J. 汤姆逊发现了第一个亚原子粒子——电子，并提出了原子的"梅子布丁"模型，电子散布于带正电荷的基质中。

1909年 欧内斯特·卢瑟福及其助手发现了原子核。

1913年 尼尔斯·玻尔设计出了量子原子结构。

1917年 卢瑟福发现了质子。

1932年 詹姆斯·查德威克发现了中子。

核心理论

所有物质都含有原子或分子，分子本身是由原子构成的。自然界已知共有94种元素。

元素的**化学性质**完全取决于其原子结构。每种元素原子的原子核中都有固定数量的质子，而其最外电子壳层的电子决定了该元素的反应方式。

一种元素在原子核中可以有**不同数量的中子**，这构成了被称为同位素的变体。

电子活动在被称为**轨道**的空间区域，并分布在不同的**壳层**。最外电子壳层的电子数（**价态**）决定了原子的反应方式。

求同存异

起初，人们对**原子的存在相当抵触**。例如，开尔文勋爵认为原子是以太中的旋涡，而不是物理对象。

道尔顿的研究因**原子质量**和常见分子的结构**不准确**而受到批评。

爱因斯坦对**布朗运动**的数学解释，平息了大多数人对原子概念的抵触。

尽管**量子理论受到了一些阻力**，但是人们对原子结构的支持迅速变得普遍起来。

学科价值

原子的结构本身就是一种有价值的**知识**。

所有的**化学反应**都取决于原子结构。

无论**开发新药**还是**设计新材料**，对原子结构的了解都必不可少。

通过对原子结构的了解，我们已经能够设计出**聚变反应堆**，并能更好地理解**光合作用**，从而思考研究太阳能电池的新方法。

未来发展

我们有可能看到更多的**新元素**加入元素周期表。

CRISPR等技术使我们能够操控分子；这在未来将得到极大的扩展。

有人预测，未来我们可能会制造出**纳米技术"组装者"**，可以在原子水平上生产出任何东西。

物 态

思想概述

> 物质有三种不同的状态，即所谓的气态、液态和固态，这已引起物理化学家们的注意。
>
> 约翰·道尔顿，1808年

化学元素和由它们构成的分子通常有四种不同的状态。几百年来，人们熟知的物质状态有三种：气态、液态和固态。

之所以存在不同状态，是因为原子（或分子）移动及连接的方式不同。固体的原子（或分子）往往是紧密相连的，所以这些粒子会振动，但不会在空间产生任何明显的距离。液体的原子（或分子）可以单独运动，但对其他原子（或分子）仍有强烈的吸引力，使液体在重力作用下保持在容器中。气体的原子（或分子）运动得非常快，因此它们是独立运动的，但会经常因为与其他原子或分子的碰撞而改变运动方向。

物质的第四种状态是宇宙中最常见的状态，因为它是恒星中的物质状态：等离子体。我们还发现，在物质被强烈加热的地方，例如在火焰中，会存在等离子体。等离子体就像一种气体，但它不是由原子构成的，而是由离子构成的，离子是因获得或失去电子而带电的原子。

上图：火焰中含有大量的等离子体。
下页上图：约瑟夫·普里斯特利（1733—1804）。
下页中图：威廉·克鲁克斯（1832—1919）。
下页下图：欧文·朗缪尔（1881—1957）。

化学元素和由它们构成的分子主要有四种不同的状态。

起源与发展

物质的四种主要状态都存在于自然界中，但是自古以来，由于只有固体和液体是可见和可处理的，因此只有固态和液态才被视为同一物质的不同状态。公元前5世纪，古希腊哲学家恩培多克勒设计的原始四要素与这四种状态不谋而合。土是固体，水是液体，风是气体，而火通常包含了等离子体——但对古希腊人来说，它们是四个独立的实体，而不是同一物质的不同状态。

抛开元素不谈，金属可在高温下熔化为水，固液关系表现得很清楚。因为气体通常不可见，因此人们很难确定气态和其他状态之间的联系。尽管人们已知空气的存在，但由于能感受到风和空气阻力，因此风仍然被视为一种不变的、不同种类的元素。

氧气的发现

1774年，氧气的发现者、英国哲学家约瑟夫·普里斯特利（Joseph Priestley）等人在空气中发现了混合气体。1781年，英国哲学家亨利·卡文迪什（Henry Cavendish）认识到水是氧和氢两种气体形成的化合物。至此，人们才完全接受气态只是物质的一种状态。对等离子体的接受要更晚些。太阳、火焰、闪电和霓虹灯等发光物质中都含有等离子体。英国物理学家威廉·克鲁克斯在研究阴极射线管时，曾将这种特定物质命名为"辐射物质"。但是，直到20世纪20年代，美国化学家欧文·朗缪尔（Irving Langmuir）才阐明了等离子体是物质的第四种状态的观点。正如卢瑟福借鉴生物学中的细胞核来命名原子核一样，朗缪尔也用"Plasma"（血浆）一词来命名新发现的物质状态，因为血浆运输血球和等离子体运输带电粒子的方式类似。

核心理论

状态、相变和奇异物质

> 严格的唯物主义者相信，一切都取决于物质的运动。
>
> 詹姆斯·克拉克·麦克斯韦，1868年

物质是由原子组成的，根据原子的动能和电磁相互作用的程度，原子可以处于多种状态。固体通常不会流动，其组成原子之间有很强的电磁力，这种力将原子牢牢地固定在应有的位置，使它们只能振动，而不能自由运动。某些固体具有导电性，是因为其电子可以在晶格中运动。液体可以流动，并根据容器的形状形成相应的形状，但液体中原子或分子堆积得足够紧密，不能被大幅度压缩。液体中原子或分子之间仍然存在巨大的电磁力，但这种力不足以将它们固定在应有的位置。

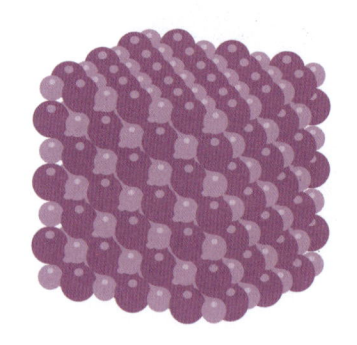

什么是气体？

气体也是一种流体，但其原子或分子的间距足够大，电磁力相对较弱，所以气体可以被压缩。气体中的原子或分子会以足够快的速度运动，相互吸引的机会较小。气体（和液体）通常不导电，除非它们包含带电粒子。

等离子体在结构上类似于气体，但它不是由原子或分子组成的，而是由离子组成的。离子通常是失去一个或多个电子（或在某些情况下获得电子）的原子，因此等离子体带电。与普通气体不同，等离子体是导电的。

当物质从一种状态转变为另一种状态时，它会经历所谓的相变。固体可以熔化成液体，也可以升华成气体。液体可以沸腾或蒸发成气体，气体可以电离成等离子体。每一种相变都有一个反向等价物——凝固是液体到固体的转变，凝华是气体到固体的转变，液化是气体到液体的转变，去离子是等离子体到气体的转变。

上图：氯化钠晶格中紧密堆积的原子。
下页左图：液体可以流动，但不能大幅度压缩。
下页右图：物质不同状态之间的相变。

相变发生时，要么吸收能量，要么释放能量。这通常被描述为相变中的潜热。例如，当液体被加热至沸点时，液体会保持该温度，因为加热所提供的能量用于破坏化学键，将液体转变成气体。

除了主要的物质状态，物质还有一些奇怪的状态，这些状态被视为非常态。例如，很多显示屏中的液晶，通常可以像液体一样流动，但其结构更像固体。材料在接近绝对零度（-459.67°F或-273.15℃）时，会出现多种异常的低温状态，其中包括无摩擦流动的超流体（Superfluidity）和玻色-爱因斯坦凝聚（Bose-Einstein condensate）。此时，材料中的原子共享一个量子态，当与其他量子粒子（例如光子）相互作用时，材料便会展现出非同寻常的特性。

> 除了主要的物质状态，物质还有一些奇怪的状态，要么处于中间状态，要么与常规状态完全不同，这些状态被视为非常态。

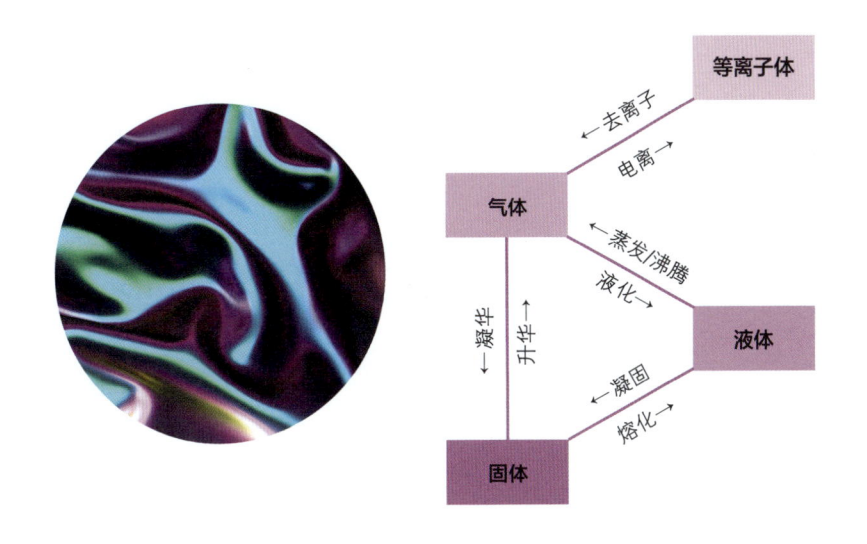

证 据

物质状态及状态之间的转换，大多是直接观察的结果；在某些情况下，在理论层面被理解之前，它们已经在实践中被认识几个世纪了。较不寻常的物质状态是在20世纪发展起来的。20世纪20年代，科学家们发现了液晶，并将玻色-爱因斯坦凝聚理论化。在荷兰物理学家海克·卡末林·昂内斯（Heike Kamerlingh Onnes）于1911年首次进行的低温研究的基础上，科学家们于20世纪30年代观察到了超流体。

求同存异

虽然在通常情况下,一种材料处于什么状态是很清楚的,但有些材料却会产生很大的争议,其中最具争议性的莫过于玻璃。长期以来,人们普遍认为玻璃是一种流动非常缓慢的液体。为了证明这一点,有人指出,非常旧的窗格玻璃往往底部比顶部更厚。人们认为,这是由于几个世纪以来,玻璃慢慢地顺着窗格向下流。但人们意识到,在现代工艺被发明出来之前制作的旧玻璃片,通常是一边比另一边厚的,为了保证稳定,琉璃工会把玻璃较厚的一边放在底部。

实际上,玻璃是一种无定形固体——它不是具有规则晶格的晶体。还有一个例子表现了无定形固体的不寻常性质,那就是凝胶。真正缓慢流动的液体确实存在——最有名的是焦油或沥青。1927年以来,澳大利亚昆士兰大学一直在进行一项沥青滴漏实验:记录沥青(用于筑路的那种)从漏斗滴落的时间。到书籍写作时,只有8滴沥青滴落。[9]

上图: 澳大利亚昆士兰大学的沥青滴漏实验。
下页图: 聚变反应堆中的等离子体。

[9] 此处作者有误,第9滴沥青已于2014年4月20日滴落。——译者注

学科价值

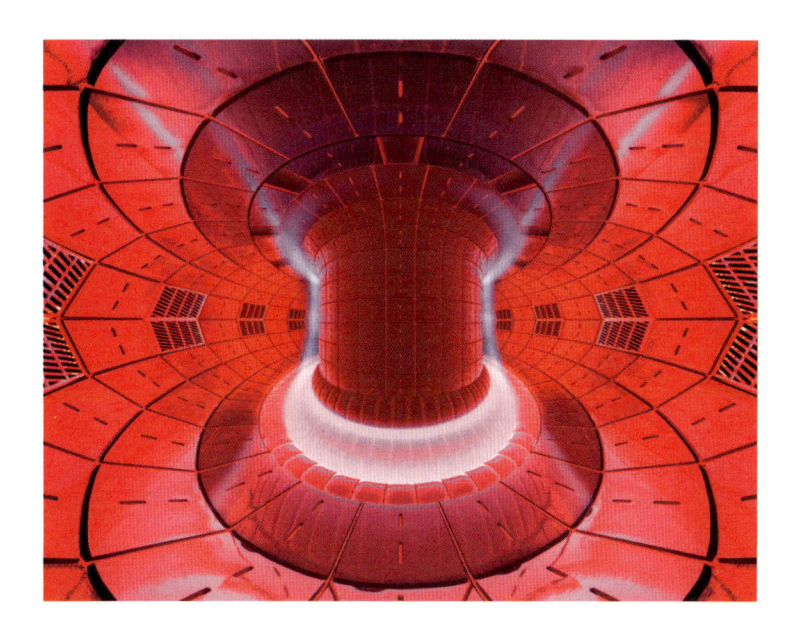

　　人类开始冶炼金属以来，了解物质状态之间的转变对制造业至关重要，而水的不同状态（冰、水和水蒸气）是许多物种存在的关键因素，因为所有生物都需要液态水才能生存。玻璃制造业就是一个很好的例子，玻璃制造业是一个长期需要了解特定物质状态的行业，其中液体（玻璃成形所需）和固体之间的转换尤为关键。

> 无论在太阳中还是在反应堆中，核聚变都涉及等离子体，而等离子体很难控制，因为它们会涌动和跳跃，仿佛有生命一般。

　　过去相对模糊的物质相（phase）——等离子体和液晶已经成为现代技术的关键。两者都应用于显示设备，而了解等离子体的行为对我们利用核聚变发电的能力至关重要。无论在太阳中还是在反应堆中，核聚变都涉及等离子体，而等离子体很难控制，因为它们会涌动和跳跃，仿佛有生命一般。在聚变反应堆内，必须将等离子体磁化，以避免其与普通物质接触，否则既会冷却等离子体，又会损坏安全壳。

　　总体而言，了解物质的状态及其所经历的任何转变，是正确处理这些物质必不可少的条件。

未来发展

除了液晶、超流体和玻色-爱因斯坦凝聚，还有许多其他的特殊的物质状态，这些状态往往涉及与量子粒子的相互作用，而这些相互作用会产生奇怪的结果。目前这些应用还很有限，但在未来很有可能得到开发。例如，在特殊材料中，光子可以被诱导进行相互作用，产生一种被称为光子分子的物质，光子分子对开发未来计算机意义重大。

更接近现实的是一种21世纪新出现的、存在着许多潜在应用的固体：仅一个原子厚度的材料。这里最主要的例子是石墨烯。因为它如此之薄，所以它会受到许多量子效应的影响。比如，它既是最好的导体，又是已知的响应拉伸的最坚固的材料之一。石墨烯和其他原子厚度的材料很可能会出现在下一代电子产品中，取代目前的硅基设备，因为硅基设备无法进一步小型化。

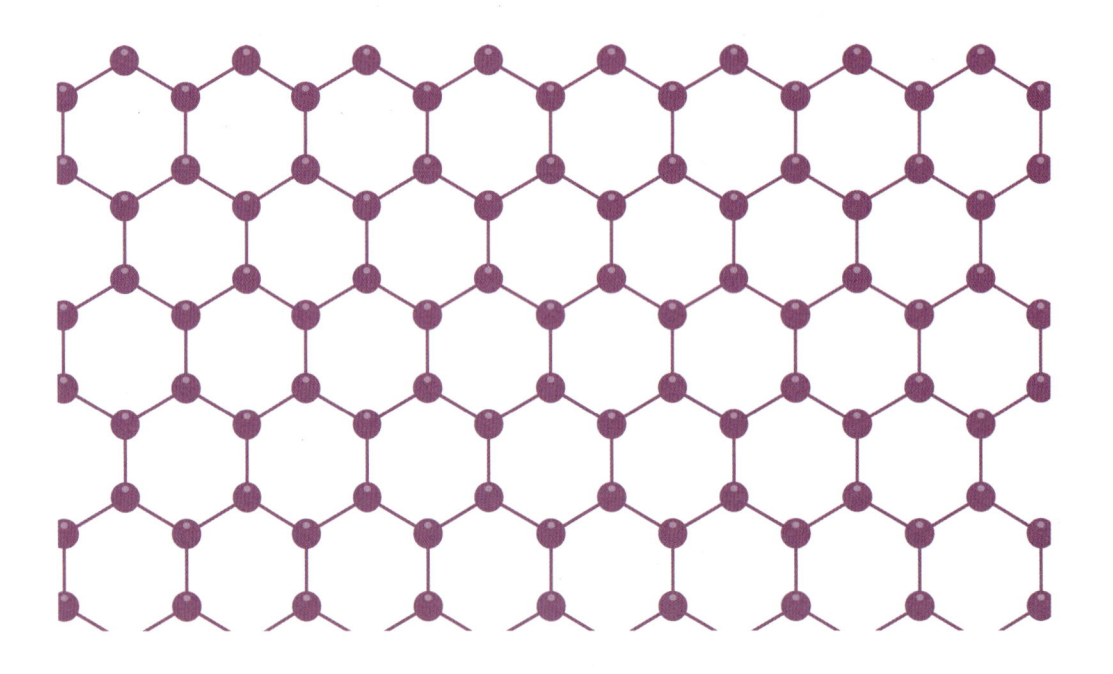

上图： 石墨烯的单原子厚晶格。

知识回顾

起源与发展	核心理论	求同存异	学科价值	未来发展
公元前5世纪 古希腊哲学家恩培多克勒确定了四种"元素"——土、水、气和火，这四种元素对应着物质的四种主要状态：固态、液态、气态和等离子体。	在**固体**中，原子或分子之间具有强烈的吸引力。物质不发生流动，但原子或分子可以振动。	长期以来，许多人认为玻璃是一种**流动非常缓慢的液体**，但旧玻璃片的证据被发现是由早期的制造问题导致的。玻璃是一种无定形固体。	了解**相变**对许多**制造业**来说至关重要，而水的相变影响所有**生物**。	除了液晶、超流体和玻色-爱因斯坦凝聚，**物质的其他奇异量子态**也具有潜在的应用前景。
1774年 约瑟夫·普里斯特利发现了氧气，帮助确定了气态是物质的一种状态。	**液体**可以流动并根据容器形成相应的形状，但其原子或分子之间仍有很强的吸引力。	存在令人混淆的、**流动缓慢**的液体，最典型的是焦油或**沥青**。1927年开始的沥青滴漏实验，至今仅有9滴沥青滴落。	**玻璃制造**是一个很好的例子，在这个行业中，了解**固/液相变**是必不可少的。	特别值得关注的是超薄（**仅单原子厚度**）的**材料**。最著名的是**石墨烯**。它具有超强的坚固性和高导电性，将为下一代电子产品提供许多新的机会。
1781年 亨利·卡文迪什证明水是由氢和氧组成的。	**气体**中的原子或分子可以自由移动，气体可以被压缩。		了解**等离子体和液晶**，已成为从**显示器**到**聚变反应堆**的现代技术发展的关键。	
1920年 欧文·朗缪尔将等离子体确定为物质的第四种状态。	**等离子体**在结构上类似于气体，但包含带电离子而不是原子，因此可以导电。			
	物质发生**状态变化**（相变）时，往往涉及热量的吸收或释放，即所谓的相变潜热。			
	物质存在许多中间态或奇异态，如**液晶、超流体和玻色-爱因斯坦凝聚**。			

元素周期表

思想概述

> 当元素按原子量的增加而排列成垂直方向的列，且按原子量的增加而在水平方向上包含性质类似的元素时，就产生了一种排列结果，由此可以得出几个总结性的结论。
>
> 德米特里·门捷列夫（Dmitri Mendeleev），1869年

因为化学反应取决于元素原子最外电子壳层上的电子，所以当一系列元素的最外电子壳层上的电子数量相同时，这一系列元素将具有相似的特性。

尽管元素周期表是在化学家们尚未意识到元素具有相似特性的原因之前制定的（实际上是在原子是否存在的争议尚未形成定论时），但元素周期表是根据元素的相似性进行排列的。正如门捷列夫所说，这些相似的元素是"类似的"（analogous）：在上文的引语中，他所说的垂直方向对应于现代元素周期表中的列。每一列称为一个族，每一行称为一个周期。元素周期表成为理解化学元素相互关系的有力工具。

上图左：门捷列夫的早期元素周期表。
上图右：原子最外电子壳层上的电子数决定了其化学性质。

起源与发展

1803年，当约翰·道尔顿第一次确定相对原子质量时，他只是简单地按质量递增的顺序列出元素（以及一些当时被认为是元素的化合物）。

然而，不久之后，化学家们就注意到了元素之间的相似性，并将它们组合在一起。例如，1829年，德国化学家约翰·德贝莱纳（Johann Döbereiner）认为自己确定了3种相似元素为一组的内部结构，他称之为三元素组（triads）。例如，他注意到氯、溴和碘具有相似性，锂、钠和钾也是。

不断增加的元素

对于不断扩展的元素列表，我们花了一些时间才得出合理准确的数据，但到了19世纪60年代，几位化学家将德贝莱纳注意到的那种结构扩展到了更多的相似性中。例如，1864年，英国化学家约翰·纽兰兹（John Newlands）似乎从牛顿对彩虹颜色的分离中得到了启发，他认为这些元素可以按7个一组排列，使它们像音符一样有效地成为八度音阶，在下一个八度音阶开始时又回到一个类似的元素。

这种尝试并没有很好地进行下去——纽兰兹试图将一种结构强加给与现实较为脱节的元素。同时代的德国化学家洛塔尔·迈耶尔（Lothar Meyer）制作出了一张更具说服力的周期表，他不关心每组元素的数量，而是根据元素原子的化合价（1个原子或原子团与其他原子或原子团化合时的成键能力）列出元素。

门捷列夫的出现

与此同时，俄国化学家德米特里·门捷列夫正在研究这些元素的结构，他把它们写在单独的卡片上，并重新进行排列。他的第一张元素周期表出版于1869年。到了1871年，门捷列夫提出了一张与现代元素周期表已经极为相似的周期表，表中还包括一些他认为应该存在但尚未被发现的元素的空白。他用空白处上方的元素名称加上前缀eka（梵语中"一"的意思）来命名这些未知的元素。例如，在硅元素下方的空白处的元素，门捷列夫说应该取名为ekasilicon，也就是我们现在分配给锗的位置。

上图：约翰·德贝莱纳（1780—1849）。
中图：洛塔尔·迈耶尔（1830—1895）。
下图：德米特里·门捷列夫（1834—1907）。

核心理论

族、周期和空白

> 元素周期表美得令人难以置信,是我见过的最美丽的事物。我永远无法充分表达我在这里所说的美——简单?和谐?韵律性?必然性?又或许是对称性?每一种元素的综合性质都牢牢地锁定在自己的位置,没有空隙,没有例外,一切都暗示着其他一切。
>
> 奥利佛·萨克斯(Oliver Sacks),2001年

理解元素周期表的核心在于,认识到元素最外电子壳层上的电子数的学科价值。给早期建表的科学家们带来很多困惑的是,元素最外电子壳层上的电子数并不相同。最靠近原子核的电子壳层最多可以容纳2个电子——氢原子包含1个电子,氦原子包含2个电子,所以第1周期(下页图中的第一行)只包含这两种元素。

下一层最多容纳8个电子,依次表示为第2周期列出的8种元素。之后情况开始变得复杂。第3层可以容纳18个电子,但最外电子壳层只能容纳8个电子。在第3层拥有8个电子后,第4层(可容纳32个电子)开始进行填充。现在第3层不再是最外电子壳层,因此电子数可以超过8,并可一直填满至18,而第4层(此时是最外电子壳层)的电子数目可填满至8。因此,第3周期也包含8种元素,然后在下一周期跃升到18种。这18种元素第4层的电子数最多为18,第5层的电子数最多为8。

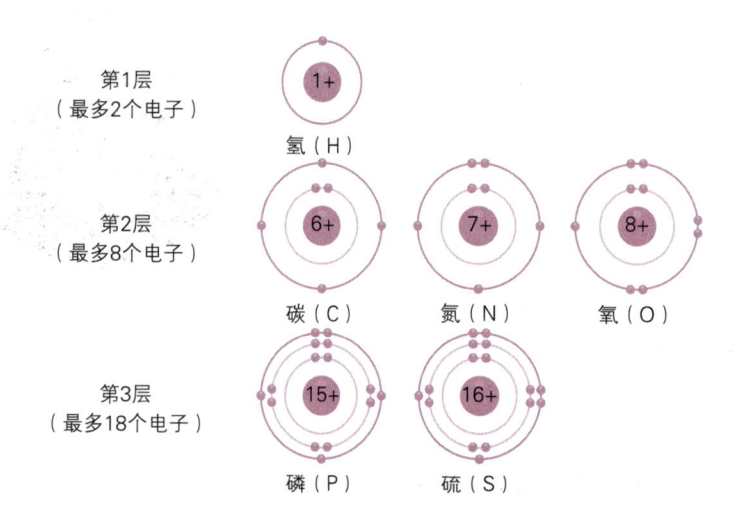

第1层(最多2个电子) 氢(H)

第2层(最多8个电子) 碳(C) 氮(N) 氧(O)

第3层(最多18个电子) 磷(P) 硫(S)

左图:原子最外电子壳层含有不同数量的电子。

下页图:现代元素周期表。

这样就产生了元素周期表典型的锯齿状外观。严格来说，周期表应该有32列（族），以容纳所有当前的元素，但通过将第6和第7周期中第3～17种元素分别合并，从而使元素周期表实现了更好的一致性（表格更紧凑）。这两组（各14种）元素被分别命名为镧系和锕系，一般列于元素周期表下方。

铀（92）以上的元素被称为超铀元素，大多数超铀元素是由人工合成的，只有极少数存在于自然界。迄今为止，最重的元素是Oganesson（118），科学家只人工合成过5个该元素的原子。这些原子的半衰期不到1毫秒。如果产生了超越Oganesson的元素，那将需要一个新的周期来记录。

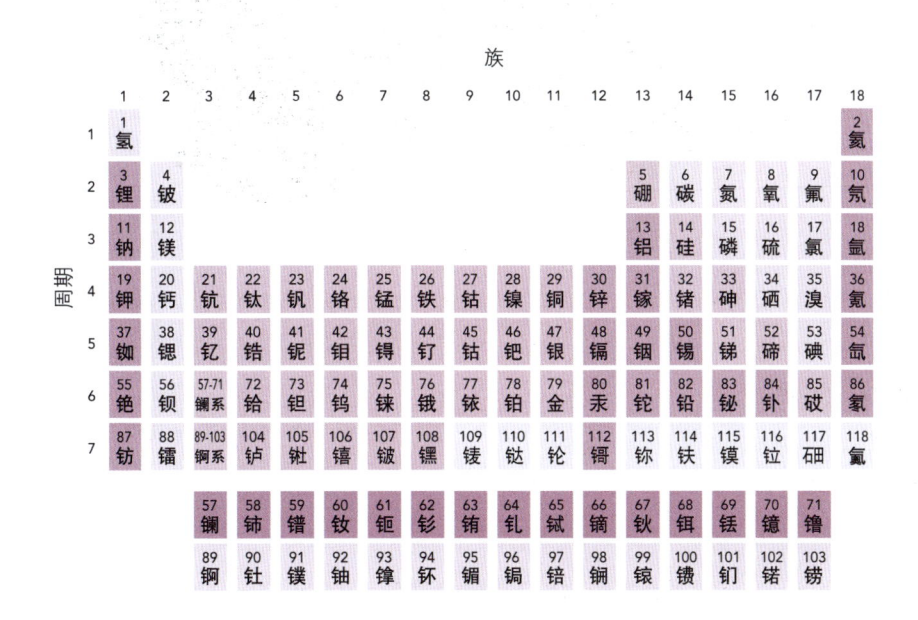

证 据

最初，元素周期表是基于多种因素构建的。这些元素除了按相对原子质量增加的顺序排列，还根据它们的化学性质和价态排列。由于电子结构的排列方式很奇特，加上同位素的存在，所以偶尔会出现一些特例。例如，门捷列夫认为碲元素测量的原子量128是不正确的，因为根据碲元素的特性，它在表中的位置排在碘之前，而碘的相对原子质量是126。但是事实上，碲确实比碘重（碲为127.6，碘为126.9），尽管在元素周期表中它排在碘之前。

现代元素周期表中的大部分信息来自电子结构，而电子结构是由许多特性推导而来的，其中一个显著特性是电子在层级之间上下跳跃时的光谱发射。相对原子质量是根据在粒子加速器中加速带电粒子所需的能量计算出来的，并且对缺失的电子进行了校正。

> 原子量是根据在粒子加速器中加速带电粒子所需的能量计算出来的，并且对缺失的电子进行了校正。

求同存异

早期制作元素周期表的尝试受到了批评，因为这些推理是武断的。比如，纽兰兹受牛顿对彩虹颜色的分离的启发而将元素按7个一组排列。也采取了同样的方法。他遭到了一致的反对，因为没有理由进行这样的类比。

门捷列夫采用了不同的方法，这种方法由逻辑联系驱动，这使他能够做出可经检验的预测，例如在锗元素还没有被发现之前，门捷列夫就给出了一个令人惊讶的精确的描述。

> 元素周期表绝对是化学领域最伟大的成就之一。

门捷列夫因其研究而广受赞誉，他赢得了皇家学会最重要的两枚奖章：因化学发现而获得的戴维奖章（1882年）和因研究方面的杰出成就而获得的科普利奖章（1905年）。看上去门捷列夫获得1906年的诺贝尔化学奖几乎是板上钉钉的事情，因为元素周期表绝对是化学领域最伟大的成就之一。然而出人意料的是，它被授予了法国化学家亨利·莫瓦桑（Henri Moissan），"以表彰他在研究和分离氟元素方面所做出的巨大贡献，以及以其名字命名的莫氏电炉在科学领域的应用"。由于门捷列夫于1907年去世，而诺贝尔奖不会追授，因此门捷列夫永远失去了诺贝尔奖。

上图左：科普利奖章的获得者包括消毒手术的先驱约瑟夫·李斯特（Joseph Lister）。
上图右：亨利·莫瓦桑（1852—1907）。
下页上图：标志性的元素周期表图块。
下页下图：表中显示金属（左）、类金属（对角线）、非金属（右）和未知（灰色）的区域。

学科价值

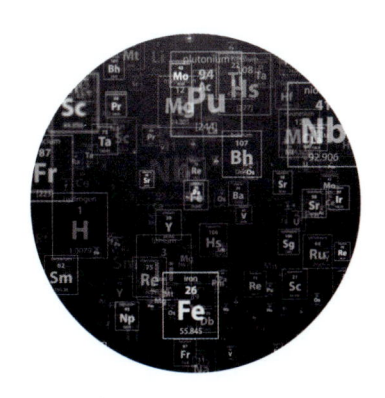

无论从象征意义来说，还是从实践意义来说，元素周期表都是化学的核心。电视剧《绝命毒师》（*Breaking Bad*）在其片头采用了溴（Br）和钡（Ba）的元素符号，这绝非巧合：带有相关原子序数和重量的独特的"图块"的出现，立即将观众带入了化学世界。全世界所有学校的化学实验室的墙上，必然挂着一张元素周期表。

> 电视剧《绝命毒师》在其片头采用了元素周期表中溴和钡的元素符号。

从实践意义上说，元素周期表包含着大量丰富的信息。在基本层面，表格上的每一个"图块"都包含了每种元素的元素符号、原子序数和相对原子质量。元素周期表作为一个快速参考工具是很有价值的，因为符号本身并不总是一目了然的。有些元素使用了拉丁语或希腊语名称（例如，铅的Pb来自拉丁语的plumbum，汞的Hg来自希腊语中的hydragyrum）。不过，元素周期表显然还包括更多的信息，比如，既有各族元素之间的关系，也有各类元素的聚类方式：不同类型的金属、类金属（metalloids）和非金属。正如粒子物理学的标准模型为大部分物理学提供了一个核心图景一样，元素周期表也是理解大部分化学的起点。

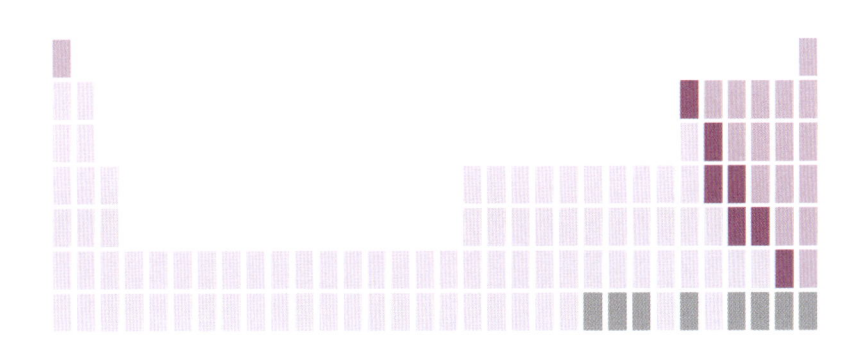

未来发展

多年来，新合成的元素不断加入。虽然目前最重的元素是Oganesson，但原则上还可以合成其他元素，不过这些元素越来越不稳定。这是因为元素越重，原子核就越大。将原子核固定在一起的强大的核力，作用范围极小，这些重元素的原子核因为太大而无法维持稳定。

除了扩展元素周期表，化学家们还曾多次尝试寻找更好的方式来呈现信息，因为目前主布局之外的镧系和锕系元素的结构显得相当笨拙，且没有具体的理由来解释为什么元素周期表必须以目前的形式呈现。其他可能的布局可以简单地合并这些行，重新构造以更直接地反映原子结构，或者采用更引人注目的方式，例如采用三维或螺旋结构的形式。不过，就目前而言，经典的表结构仍然是标准。

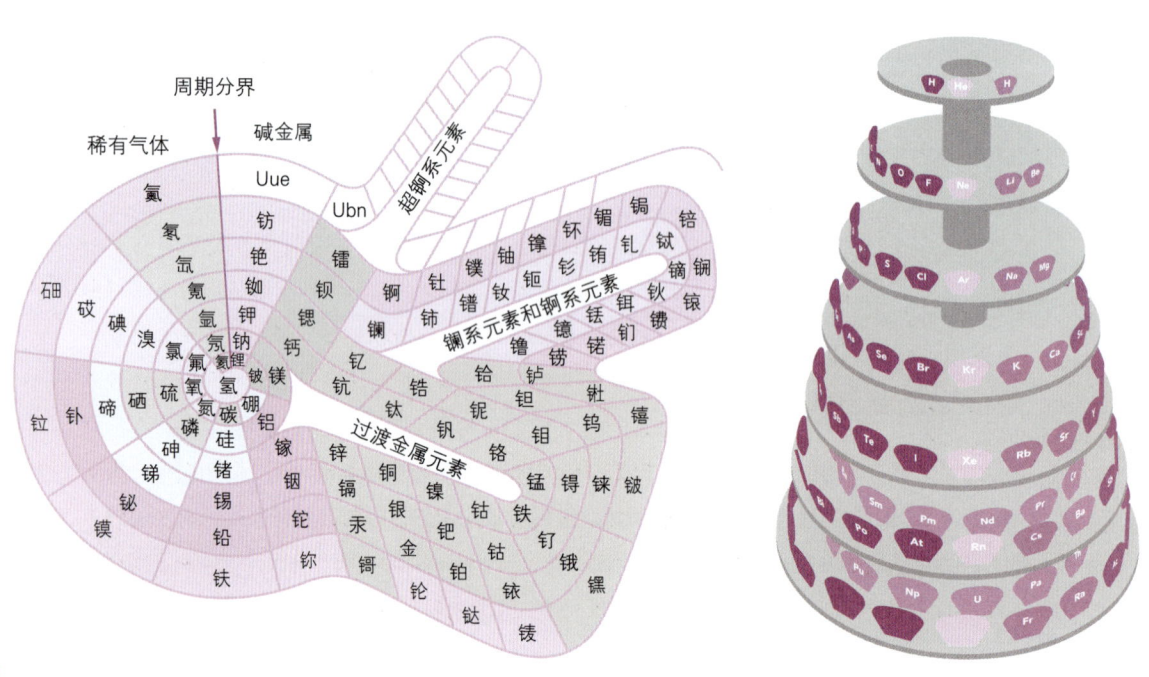

上图左：奥托·本菲（Otto Benfey）开发的另一种螺旋式元素周期表结构。
上图右：三维元素周期表。

知识回顾

起源与发展	核心理论	求同存异	学科价值	未来发展
1803年 约翰·道尔顿按相对原子质量增加的顺序列出了一些元素。	元素**最外电子壳层上的电子数**决定了它的化学性质和它在表中的位置。	早期的尝试因为**假设八度音阶的任意性**而受到了批评。	元素周期表从**象征意义和实践意义**上都是化学的**核心**。	**新的合成元素**仍然可以加入,不过由于其原子核太大,它可能**非常不稳定**。
1829年 约翰·德贝莱纳把具有相似性质的3种元素分成一组。	这张表的结构看似笨拙,却反映出**不同的电子壳层可以容纳不同数量的电子**——当最外电子壳层的电子数达到8时,即使该电子壳层未满,也会启动下一层。	门捷列夫的方法由逻辑观察驱动,并做出了可经检验的**预测**。	元素周期表信息丰富,表述了**元素符号、原子序数和相对原子质量**。	由于传统的元素周期表结构相当笨拙,所以人们一直在尝试**其他的信息呈现方式**。
1864年 约翰·纽兰兹采用八度音阶,将具有相似属性的7种元素归为一组。		尽管元素周期表意义重大,但门捷列夫**未能获得1906年的诺贝尔化学奖**。	**同族元素**之间的关系以及不同类型元素(如**非金属**)的聚类方式具有很强的指导意义。	迄今为止,还没有发现更好的方法,但是**不同的结构(包括三维结构)**可以使元素周期表更让人接受。
1869年 门捷列夫发表了他的第一个元素周期表。在两年内,他预测了一些缺失元素的存在。	**铀(92)以上的元素**绝大多数是由人工合成的。			
	最初的元素周期表是根据**相对原子质量、化学性质和价态**建立的。			
	元素周期表并非**完全**按相对原子质量顺序排列。			
	现代元素周期表的信息来源于**电子壳层结构**和**加速带电粒子所需的能量**。			

键合和化学反应

思想概述

> 复杂分子的化学性质取决于基本组成部分的性质、数量和化学结构。
>
> 亚历山大·布特列洛夫（Alexander Butlerov），1861年

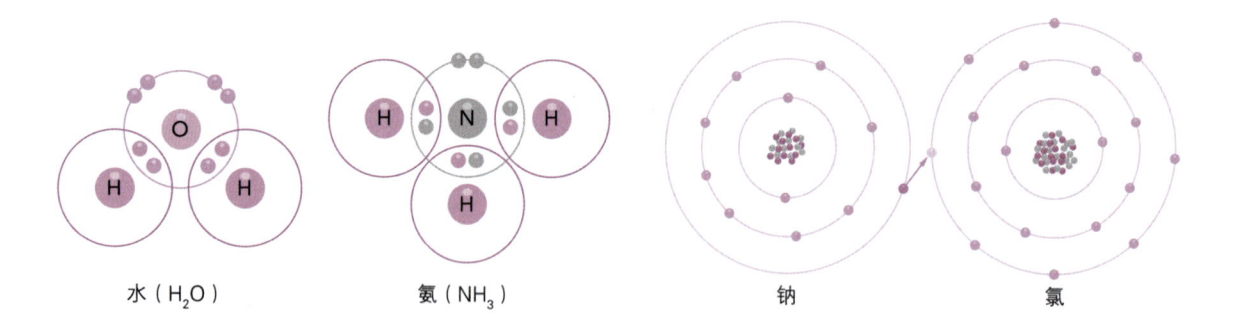

水（H_2O）　　氨（NH_3）　　钠　　氯

化学的一个主要部分涉及不同原子在化学反应过程中相互结合形成化合物的方式。化学键具有电磁性，有两种广泛的形式。当两种试剂（相互反应的化学物质）是离子时，就会形成离子键。例如，海水中存在带正电荷的钠离子和带负电荷的氯离子，这两种离子本是分离的，但当水蒸发时，带正电荷的钠离子被带负电荷的氯离子吸引，二者结合在一起，形成氯化钠，即普通的盐。

另一种化学键是共价键。共价键是由原子之间共享电子形成的。例如，天然气的主要成分为甲烷（CH_4）——1个碳原子通过共价键与4个氢原子相连。形成化学键的电子（每个原子1个）在被键合的原子之间共享。所以，每个氢原子与碳原子共用一对电子。

上图： 水和氨结构中的共价键，以及氯化钠中的离子键。
下页右上图： 约恩斯·贝尔塞柳斯（1779—1848）。
下页左下图： 吉尔伯特·路易斯（1875—1946）。
下页右下图： 牛顿《光学》一书封面。

> 化学的一个主要部分涉及不同原子在化学反应过程中相互结合形成化合物的方式。

起源与发展

炼金术士早就知道，元素结合在一起会形成化合物。艾萨克·牛顿在其1704年出版的《光学》一书中，思考了原子是如何结合在一起的问题。该书中也包含了许多探究，是牛顿对更为普遍的科学问题进行的推测。古希腊人就有过这样的想法：原子键合是由于原子的特殊形状（可以使它们相互连接）或是某种胶合作用，但牛顿（正确地）把它归结为一种吸引力，这种吸引力在很短的距离内非常强。

约翰·道尔顿：原子理论之父

1803年，约翰·道尔顿确定了部分元素和一些化合物，尽管他的某些"元素"实际上是化合物的名称，但正如我们所见，他认为化合物由最简单的组合构成（例如水的组成是HO，而不是H_2O），这种假设是不正确的。到了1819年，瑞典化学家约恩斯·贝尔塞柳斯（Jöns Jakob Berzelius）首次提出原子间的键在本质上是电性的。

19世纪，化学家们注意到不同的原子如何以不同的比例进行组合，从而把价的概念与吸引电荷的思想结合在一起。这两种主要的键合方式（化合键和离子键）在1916年首次被明确。美国化学家吉尔伯特·路易斯（Gilbert Lewis）设计出电子对或共价键理论，而德国物理学家瓦尔特·科塞尔（Walther Kossel）提出了离子键理论。

随着量子理论的发展和人们对原子结构有了更好的认识，到了20世纪30年代，和化合物结构背后的量子力学一起，外层电子的分布与成键关系被科学家们进一步了解。

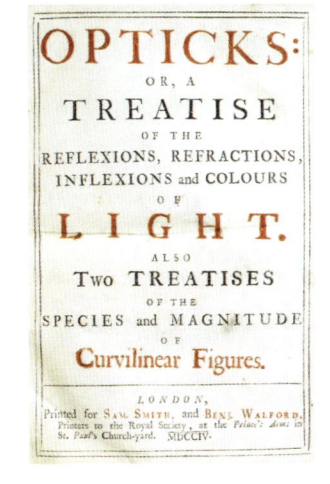

核心理论

离子、共价和满层

> 反应物（reagent）是由于对电子或原子核的吸引力而起作用的……因此出现了亲电体（亲电性）和亲核体（亲核性）两个术语。
>
> 克里斯托夫·英果尔德（Christopher Kelk Ingold），1933年

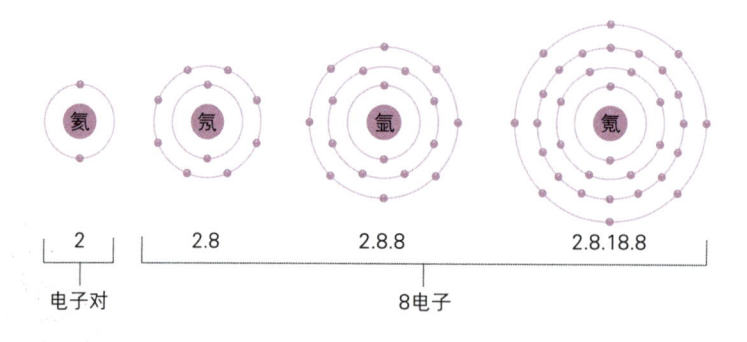

氦	氖	氩	氪
2	2.8	2.8.8	2.8.18.8
电子对		8电子	

早期的化学家和他们的前辈——炼金术士们意识到，并不是每一种可能的元素组合都会在实践中发生。通过测量原子和化合物的相对质量，我们了解了不同的原子是如何结合的，并为元素分配了化合价。最初，化合价是一个元素所连接的氢原子的数目，但现在很清楚的是，原子偏好含有8个电子的电子壳层（氢和氦除外，其最外电子壳层上的电子数是2个）。

键的类型

这就解释了为什么稀有气体（以前称为惰性气体）很难与任何物质发生反应。每一种稀有气体（氦、氖、氩、氪、氙、氡和鿫）都有完整的最外电子壳层，所以它们不想添加或送走任何电子。在一个离子键中，一种元素的原子失去了最外电子壳层的电子，带上了正电荷；第二种元素

上图：最稳定的结构有8个外层电子（氦气除外）。
下页上图（a）：甲烷分子。
下页上图（b）：带电气球的电吸引。
下页下图：水分子之间的氢键。

(a)

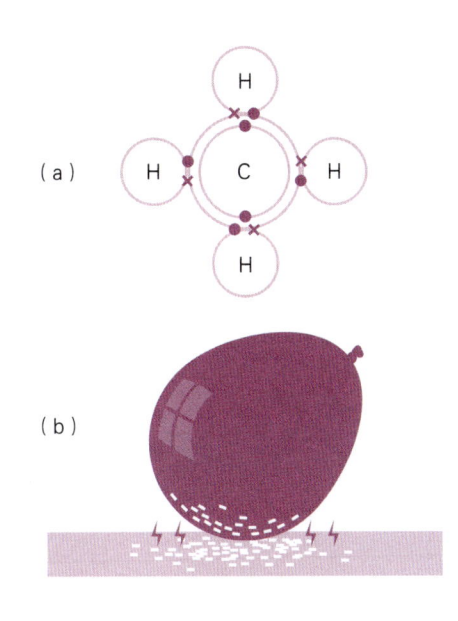

(b)

的原子获得了电子,从而带上了负电荷。在氯化钠的简单例子中,钠原子失去了一个外层电子,具有了与氖相同的电子结构,而氯原子获得了一个外层电子,具有了与氩相同的电子结构。这两种带电离子通过电荷彼此吸引,从而结合在一起。就像带电的气球可以吸起纸片一样,共价键使键合的元素之间共享电子。例如,碳原子的最外电子壳层上有4个电子。由于碳原子的最外电子壳层处于半满状态,所以碳原子的结合方式非常灵活,它可以形成许多不同的有机分子,从简单的甲烷到巨大的分子,如DNA。相比之下,氢的最外电子壳层上只有一个电子。

当4个氢原子与一个碳原子键合时,所有氢原子的外层电子都与碳原子共享,使碳原子在现有的4个电子的基础上增加了4个电子,此时碳原子达到稳定的结构。每个氢原子都共享碳原子的一个外层电子,使氢原子达到稳定结构。因为电子没有特定的位置,而是以概率云的形式存在,所以可以说电子同时存在于碳原子和氢原子的电子壳层中。

键合不局限于单一的关联。离子键中可以存在多个额外的或被移除的外层电子,而在相同的两个原子之间,也可以有多个共价键,平衡其最外电子壳层中的电子数。

弱 键

化学键还有很多其他形式。金属键是一种共价键的变体,自由电子可以移动,从而传导电和热。也有一些化学键是弱键,最常见的例子是氢键。这反映了一些分子内部特定原子上具有相对电荷。例如,水的氧原子带有相对负电荷,而氢原子带有相对正电荷。

氢键使得分子相互吸引——虽然不像强键那样牢固,但足以产生重大影响。如果不是因为氢键阻止水分子轻易地分离,水会在-70℃的温度下沸腾,这意味着地球上将不会有液态水,也不会有生命。这也是为什么说水是一种很好的溶剂。

我们对化学键的理解与对原子结构的理解是非常相似的,因为两者紧密地联系在一起。

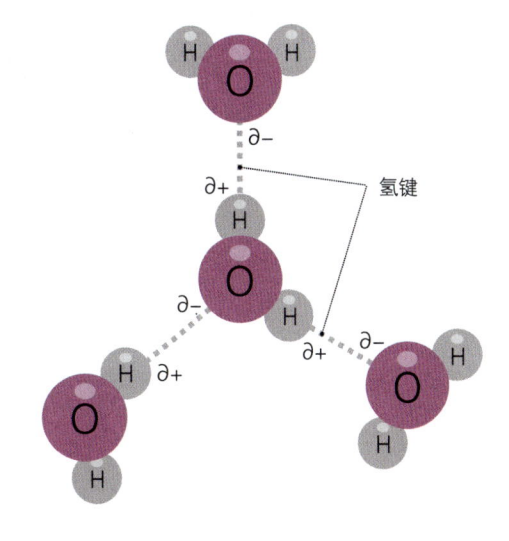

求同存异

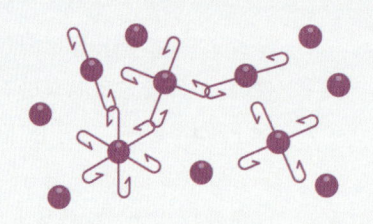

在不了解化学键或现代原子概念的情况下，炼金术士和早期化学家认为，一些物质对其他物质有"亲和性"（affinity），即它们有结合和反应的倾向。由于这些理论都发生在19世纪引入现代原子的概念之前，因此考虑的只是物质的数量。同样地，这些物质也不一定是我们现在所知道的元素：我们所熟知的元素是从化合物中分离出来的。

虽然不完全是批评，但在19世纪，随着原子理论逐渐被人们接受，人们对原子和分子之间的区别产生了相当大的困惑。例如，道尔顿认识到化合物是由分子组成的（"钩在一起"的模式），但他不接受元素本身可以以化合物的形式出现。因此，道尔顿设想大气中的氧是由单个原子组成的，而我们现在知道它是以氧分子（O_2）的形式存在的。

上图：关于原子"钩在一起"形成分子的早期概念。

下图：早期化学亲和性表。

下页图：DNA的分子结构。

学科价值

> 如果元素周期表是化学的心脏，那么化学键和化学反应就是食物和饮料。

化学反应对日常生活至关重要。到目前为止，我们的大部分热源和光源都是燃烧的结果，燃烧是一种化学反应，消化系统从食物中提取能量也是一种（温和的）燃烧形式。

无论是一个真正简单的化学反应，还是生命机制背后高度复杂的有机化学反应，都是化学键以及参与形成和破坏这些化学键的反应正在进行的结果。"如果元素周期表是化学的心脏，那么化学键和化学反应就是食物和饮料。"从学校的化学课到世界一流的化学实验室，再到自然界的化学反应，几乎所有的活动都离不开化学键的生成和断裂。化学反应对工业的许多方面和每一个自然过程都至关重要。

如我们所见，水中的氢键是液态水存在于地球上的原因，而分子中的化学键则是所有超越单个原子的结构存在的原因。这些都是现实世界的关键组成部分。

未来发展

现在,化学反应和化学键已经被人们广泛了解;然而,化学家仍在突破可能的界限,继续扩大元素以不寻常的方式结合在一起的自然趋势。

一个很好的例子是尝试用硅替代碳的实验。所有已知的生命都是以碳为基础的,因为碳的四向键合使其成为最灵活的元素,可以形成各种结构。然而,元素周期表告诉我们,与碳同族的其他元素也有可能发生类似的反应,因为它们的外层电子也是4个。最可能的是硅,有人猜测过去可能存在硅基生命,硅可以承担碳的作用。

但实际上,硅并不能胜任这项工作。2009年,伦敦帝国理工学院的研究人员成功地制造出了一种寿命较短的结构,该结构与经典有机结构——苯环等效。苯环是六边形环,有6个碳原子,这些碳原子与氢原子相连。硅环扭曲且不稳定。研究人员称,碳结构的稳定不适用于硅。只有通过对不同新材料的持续研究,我们才能发现化学反应和化学键的新的可能。

上图:在苯环结构之上采用硅形成的等价物。
下图:海盐干燥后在钠离子和氯离子之间形成离子键。

知识回顾

起源与发展

公元前5世纪 古希腊哲学家认为原子相互"钩在一起"形成物质。

1704年 牛顿提出,原子通过一个非常短程的力相互吸引。

1803年 约翰·道尔顿发现了元素和一些化合物。

1819年 约恩斯·贝尔塞柳斯提出化学键是电性的。

1916年 共价键和离子键被发现。

20世纪30年代 量子理论和原子结构得到充分发展,人们开始了解最外电子壳层上电子的作用。

核心理论

原子**最外电子壳层中的电子数**决定了其键合方式。

原子以这种方式键合,从而使最外电子壳层填满**8个电子**。

在**离子键**中,一个原子失去一个或多个电子,另一个原子获得电子使其最外电子壳层饱和,并且这两个原子产生电吸引。

在**共价键**中,两个原子共用一对电子以填满各自的最外电子壳层。

离子键可以**添加或移除多个电子**,而两种元素的原子可以通过一个以上的共价键连接。

其他键包括**金属键**和**氢键**。

求同存异

早期的化学家和炼金术士认为,不同的物质彼此有**"亲和性"**,促使它们发生反应。

起初,原子和分子之间有相当大的混淆。例如,道尔顿没有意识到**单种元素可以存在于分子中**,而不只是存在于单个原子中。

学科价值

化学反应对日常生活至关重要。

从盐的形成到DNA机制,都涉及化学键的断裂和产生。

每个自然过程(核反应除外)都涉及化学键。

每一个超越单个原子的结构都涉及化学键。

未来发展

化学反应和化学键获得了人们的广泛认知。

继续对**各种可能的分子结构**进行实验。例如,**用硅代替**有机分子中的**碳**。事实证明这是行不通的,但据推测,硅也可以维持生命。

有机化学和无机化学

思想概述

> 我是一名有机化学家,尽管我坚持伟大的瑞典化学家贝尔塞柳斯对有机化学的定义,即在生命物质中发现的物质的化学,但我的科学是一门更深奥的科学,因为它所依据的概念和所使用的术语都不是日常经验的一部分。
>
> 亚历山大·托德,1957年

在化学意义上,有机物和无机物有着很大的区别。由于"有机"(organic)一词已被用作某些类型农产品的营销标签,因此它可能成为一个令人困惑的术语。德国化学家弗里德里希·凯库勒·冯·斯特拉多尼茨(Friedrich Kekulé von Stradonitz)的早期定义很简单:有机化学就是有关碳化合物的化学。

现在有人会争论是否所有碳化合物(如温室气体二氧化碳)都是有机物,可以肯定的是,有机化合物都含有碳。根据瑞典化学家约恩斯·贝尔塞柳斯的定义,我们可以认定动物骨骼中的钙化合物是有机物。也许最好的定义是将两者结合起来,有机化学是研究在生物中发现的碳化合物的化学。

相比之下,无机化学(近代之前一直是化学的大部分)很容易定义。无机化学是所有不涉及有机物质的化学。

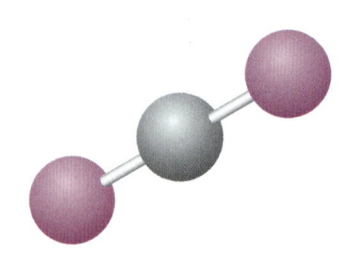

上图: 化学实验。
下图: 二氧化碳含有碳,但通常不被视为有机化合物。
下页上图: 罗伯特·波义耳(1627—1691)。
下页中图: 化学实验。
下页下图: 恩培多克勒的四要素。

起源与发展

公元前5世纪的古希腊哲学家恩培多克勒发现了四种元素——土、气、火和水，他认为这四种元素构成了万物。这符合一定的逻辑，比如，当木头燃烧时，土状的木头会渗出液体，散发风状烟雾和火焰。公元前4世纪的亚里士多德在这一思想的基础上，增加了第五种元素。尽管在大约2000年的时间里，这些元素仍然被认为是真实的，但通过炼金术士的研究，人们越来越清楚地认识到，在实践层面，作为基本元素的物质范围更广。

化学（chemistry）是从炼金术（alchemy）发展而来的。炼金术的许多方面都不科学，炼金术基于这样一种假设：找到一块"哲学家之石"，能够点石成金，或是能够制造出长生不老药——这才是所谓的"有效的"炼金术。随着对物质认识的加深，炼金术的一面逐渐消失了。

然而，炼金术的另一面——"思考性炼金术"更关心的是元素（越来越多的人认识到，炼金术所涉及的元素远远超过了古希腊的四种元素）如何结合产生不同的物质。罗伯特·波义耳是"思考性炼金术"的主要支持者，他开创了化学的新科学，他的《怀疑派化学家》（*The Sceptical Chymist*）一书的出版可以说是这一领域的里程碑。

直到19世纪，有机化学和无机化学之间的区别才逐渐显现。使用"无机"一词的记录最早出现在1794年，当时一位名为R. J. 沙利文（R. J. Sullivan）的人写道："我们可以肯定地得出结论，矿物王国，即原始的无机物质的集合……还具有不同的科和种。"这里"无机"（inorganic）的字面意思是缺乏器官，而器官是生物的标志。

到1831年，"有机"一词逐渐发展起来，一本解剖学著作这样论述："在生物体内有两种元素，无机元素和有机元素。无机元素是指可以通过化学方法从矿物和有组织的物体中获得的元素。"两年后，贝尔塞柳斯明确区分了生物中的有机化合物和无机化合物。

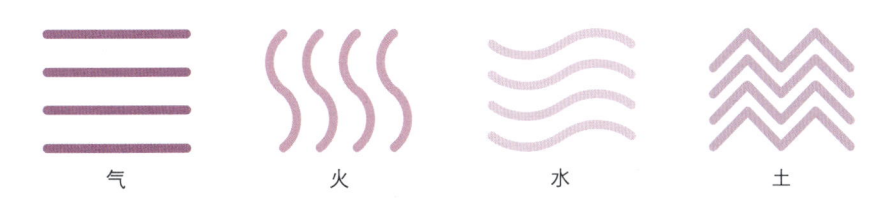

气　　　火　　　水　　　土

化学

149

核心理论

原子、化合物和有机物

化学主要研究元素和化合物,其中化合物是由两种或两种以上的元素组成的、单一的、具有特定性质的纯净物。无机化合物是指所有不含碳的化合物,即地球上大部分的化合物。

虽然在划分界限上存在一些争论,但一些简单的碳化合物,如二氧化碳和碳酸钙,通常被认为是无机化合物。无机化合物构成了大多数离子化合物,许多离子化合物在固态时具有规则的晶体结构。

有机化合物含有碳元素,大多与生命有关,要么存在于生物体内,要么由衰变的生物体产生(例如化石燃料中的化合物)。由于碳元素的灵活性,有机化合物的化学成分往往比无机化合物的化学成分复杂。如前所述,元素之间的反应方式由元素原子最外电子壳层中的电子数决定。碳原子的最外电子壳层有4个电子和4个空位,有助于其在构建复杂结构方面形成独特效率。

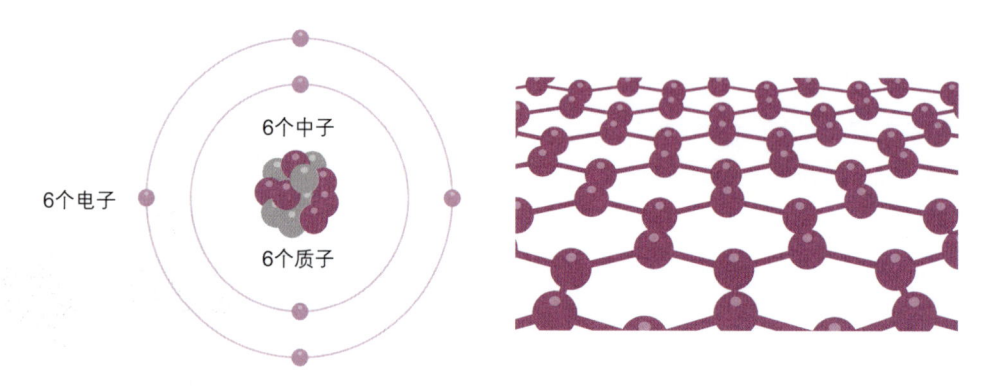

碳原子能形成非常有效的碳-碳键。这些键存在于自然形态的碳单质中,如石墨和金刚石。然而,它们也出现在化合物中。就像一组相同的零件构造,碳原子可以连接在一起形成链状。如果所有碳原子彼此之间都具有一个单键,并且其余的空键都被氢原子填充,那么我们将得到烷烃。烷烃家族中最简单的是甲烷,其次是带有两个碳原子的乙烷,接着是带有3个碳原子的丙烷以及带有4个碳原子的丁烷……。

多 重 键

然而,有机化学有更多的技巧性和复杂性,而不是简单地将碳原子用单键连在一起。碳原子之间可以形成双键甚至三键。烯烃中含有碳-碳双键,最简单的烯烃是乙烯,它的一对碳原子以双键相连。

有了形成单键或双键的能力，就有了有机化学的特殊一族，即芳香族化合物（芳烃）。芳香族化合物涉及特殊的环结构，化学性质特别稳定（非芳香族的有机化合物被称为脂肪烃）。芳香族化合物具有稳定的环结构，被称为苯环。苯环中6个碳原子连接在一起，形成一个六边形，表现为碳原子之间的单键和双键交替，为6个氢原子的连接留出了空间。

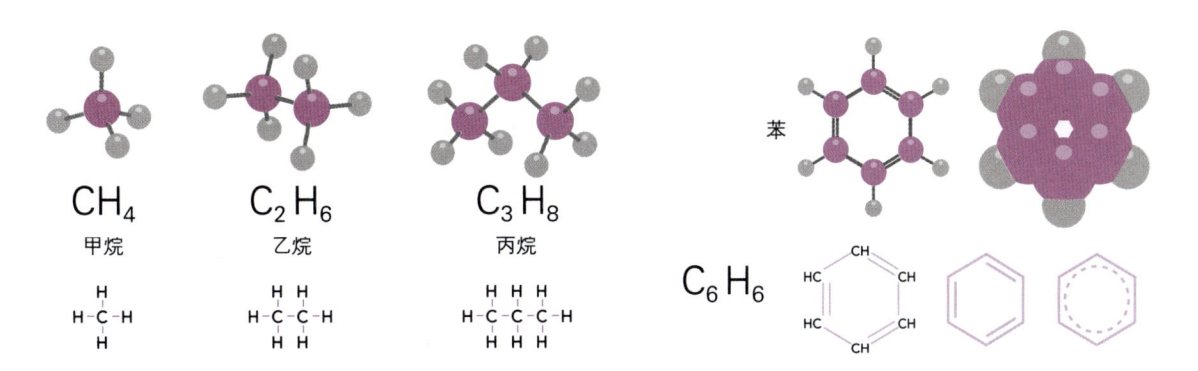

苯环之所以非常稳定，归根结底是因为电子的量子性质。电子实际上并没有形成交替的单键和双键，而是平均分布在环的周围，有效地为每个键提供1½个电子。除了形成环，有机化合物还可以很好地构建长链，即所谓的聚合物。大多数塑料是由长链聚合物组成的，聚合物也会在自然界中出现。它们形成的化合物使有机结构具有刚性，而存在这样一种特殊的聚合物，它为所有有机化合物中最重要的化合物——DNA——提供了结构。

我们会在本书的"生物学和进化论"一章的遗传学部分讨论DNA，但就其有机化学方面而言，DNA不是单一的化合物，而是一个完整的族。DNA由我们熟悉的双链（双螺旋结构）组成。双链是由糖分子链组成的一对聚合物，由一系列成对的有机分子连接而成，看起来就像螺旋楼梯的台阶，它们是储存DNA信息的"碱基对"。每个染色体，即在大多数细胞中发现的有机化合物，都是一个单一的DNA分子，其中包括一些现存的最大分子。我们发现的最大的染色体，在自然界中属于中等大小，含有约100亿个原子。

证据

有机分子和无机分子的结构最初是根据存在的元素权重，以及对原子结构和化学键不断加深的认识推导得出的。一些分子结构，如DNA，可以通过X射线衍射发现。X射线被原子散射产生图案，而光谱学提供了更多信息。

上页图：石墨中碳的原子结构和晶格结构。
上图左：脂肪烃。
上图右：苯，最简单的芳烃。
下图：DNA的X射线衍射图像。

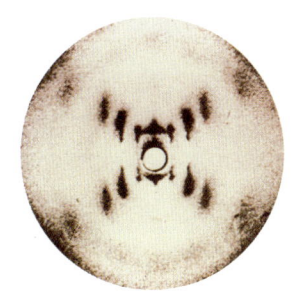

求同存异

> 20世纪20年代和30年代初,对许多化学家来说,有机化学家就像一群邋遢的工匠,一直致力于对新化合物的非系统化探索,这种探索受到利润动机的强烈影响。
>
> 路易斯·哈米特(Louis Hammett),1966年

无机化学和有机化学的早期区别基于这样一种观点:生物是由某种特殊的内部能量(所谓的生命力)驱动的,这种能量赋予有机化合物特殊的性质,并推动有机化学的发展。这一想法得到了贝尔塞柳斯的支持,并在一些替代药物(如中药)中一直存在,但在化学领域却遭到了否定。

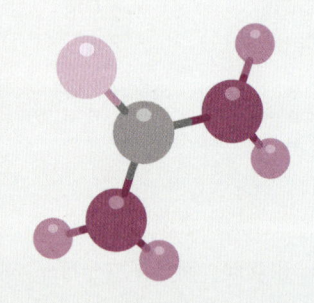

有人认为,由于缺乏生命力,所以不可能从无机物质中制造出有机化合物。然而这一观点在19世纪20年代首次遭到反驳。当时,德国化学家弗里德里希·维勒(Friedrich Wöhler)用无机成分合成了尿素——一种由碳、氧、氮和氢组成的有机化合物。事实证明,一直以来难以撼动的生命力说(Vitalism)在20世纪20年代走到了尽头。

如上所述,一些"纯"化学家最初认为,有机化学只不过是构造新化合物的"烹调练习",希望其中一些化合物能有利可图。然而,到了20世纪四五十年代,随着有机结构的复杂化,人们发现有机化学在理论层面上仍然有很多需要学习的地方。

学科价值

无机和有机这两个化学分支在结构上往往是分离的，当然，有机化学家也可以对无机化合物进行很好的利用。虽然常见的无机化合物比有机化合物少得多，但无机化学中包含了很多大家熟悉的化学物质，从常见的盐到水、硫酸，都是无机化合物。这些物质的化学反应往往比较简单，对获得化学的基本认识至关重要。从混凝土和钢材到硅片中的电子元件的微观构件，无机化合物是制造业的主要组成部分。

> 正因为有机化学是生命的化学，所以在医学和我们对生物学的理解中，有机化学的特点才非常突出。

但毫无疑问，现在这两大分支的主导方是有机化学。这在一定程度上是因为有机化学的规模，既指的是有机化合物的数量，也指的是一些有机分子纯巴洛克式的复杂性。但正因为有机化学是生命的化学，所以在医学和我们对生物学的理解中，有机化学的特点才非常突出。

医学已经被分子生物学所主导——分子生物学是一种理解生物有机体如何在不同分子间相互作用层面上运作的学科，从根本上说，这是纯有机化学。现代医学与有机化学密切相关。尽管现在人们对有机化学的看法不一，但有机化学也是石化工业的化学，例如常见的石化产品有塑料、汽油等。

上页上图：尿素分子，由维勒合成。
上页下图：长期以来，人们认为生物的元素不同于无机物质。
上图左：化学对建筑环境至关重要。
上图右：有机化学主导着生物医学科学。

未来发展

有机化学的一些重大进展来自我们处理单个分子的能力。其中最早的一个有力的例子就是DNA指纹分析。该技术使用酶（作为催化剂的蛋白质）将DNA切成片段，从而对较小的DNA片段进行比对。与此形成对比的是，CRISPR（常间回文重复序列丛集）技术能够操纵有机化合物，它对DNA的研究相对较少。CRISPR技术利用免疫系统中发现的一种机制来靶向特定基因，用它来切割和拼接DNA，就如同剪辑电影一样。

人们仍在充分探索利用CRISPR的可能性。同时，人们也逐渐发现了更多可在生物体内使用的非凡的分子机械，例如，它们在分子层面上提供类似旋转马达、棘轮或其他构造的功能。有机化学仍有许多方面有待发现。

上图：科学家可利用CRISPR技术来切割和拼接DNA。

知识回顾

起源与发展	核心理论	求同存异	学科价值	未来发展
公元前5世纪 古希腊哲学家恩培多克勒提出四元素说：万物由土、气、火和水四种元素构成。	无机化合物包括所有**不以碳为特征的**化合物，构成了地球的大部分。	最初，人们认为有机化学需要一种**生命力**，以赋予有机体生命。	无机化合物构成许多**常见的物质**，包括食盐、水和硫酸。	我们**操纵单个有机分子的能力**正变得越来越有效。
公元前4世纪 亚里士多德扩展了恩培多克勒的理论，提出了第五种元素。	少数简单的碳化合物，如**二氧化碳和碳酸盐**，被认为是无机化合物。	当利用**无机成分合成有机化合物**——尿素后，生命力说第一次受到挑战。	无机化学是**制造业**和**电子学**微观世界的核心。	DNA指纹技术涉及使用**酶将DNA切割**成片段进行比对。
1661年 罗伯特·波义耳出版《怀疑派化学家》一书，标志着化学与炼金术的分离。	碳结构灵活，其最外电子壳层有**4个电子和4个空位**，这使它具有独特的能力，可以形成大而复杂的分子。	**生命力说**一直延续到20世纪20年代。主要的争议仍然聚焦于如何划清有机物和无机物之间的**界限**。	有机化学是**生命的化学**。	我们才刚刚开始了解CRISPR技术的强大功能。CRISPR技术是一种用于切割和拼接DNA的技术。
1794年 R.J.沙利文使用了"无机"一词。	碳-碳键可以是**单键、双键甚至三键**。苯的六边形环上单键和双键交替存在，它是**最简单的芳烃**。		现在，医学由**分子生物学**所主导，分子生物学是理解有机分子的化学。	活细胞中使用的复杂的**有机分子机械**，还有许多方面有待进一步的探索和发现。
1833年 约恩斯·贝尔塞柳斯正式区分了有机化学和无机化学。	有机化合物可以制造**长链聚合物**，对生产塑料和形成DNA的双螺旋结构至关重要。		尽管现在人们对有机化学的看法不一，但有机化学是**石化工业**（从塑料到汽油）的化学。	
	分子结构通常是通过**光谱和衍射**技术发现的。			

工业化学

思想概述

> 李比希给了世界两条伟大的经验。第一条是，要进行化学教学，就必须把学生带进实验室。第二条是，要应用科学思想和方法来解决工业问题，就必须具有完善的科学知识。
>
> 伊拉·莱姆森，1910，评论尤斯图斯·冯·李比希

提起化学，人们往往会想到这样的场景：一个化学实验室，里面放有试管、广口瓶和本生灯。这是学校里的化学。然而，世界上绝大多数的化学都不是在实验室里进行的，而是在工业现场进行的。

在工业场景中，反应容器更可能是巨大的不锈钢圆筒，而不是玻璃试管，并且所涉及的数量可能是惊人的，但化学原理与实验室里的相同。

化学工业在药品、食品等的生产阶段都有涉及。在人们家中，每个房间里都有化学工业产品，从为织物染色的染料到制成产品的塑料、玻璃、金属和陶瓷。

起源与发展

虽然有人认为史前壁画颜料的生产就是早期的化学工业,但已知最早的、真正实用的化学来自冶金工业。人们在史前时代就已开始使用原生铜和陨铁,当时含铜和锡的青铜矿、铅矿和铁矿石已经被炼成金属——在某些情况下,金属甚至可以追溯到8000年前。

目前尚不清楚冶炼的发明过程,因为它早于书面记录。一般来说,矿石通常是混合物或复杂化合物,在空气中被加热可以产生更简单的化合物,这些简单化合物通常是金属的氧化物。在更高的温度下,这些金属氧化物和可以与氧发生反应的物质一起发生反应(还原反应),从而产生纯金属。

新 酒

其他早期的工业过程包括生产发酵产品,如啤酒和葡萄酒。与现代化学家不同的是,这些早期的化学工作者未曾意识到生产这些产品的化学原理。起初,一个化学过程很可能是被偶然发现的,但人们一旦观察到结果,就会进行重复和完善,直到产生预期的结果。

直到16世纪,人们才尝试用科学的方法来处理化学工业——炼金术往往是个人行为。1556年,德国冶金学家乔治·帕尔(Georg Pawer)[他的拉丁文名字格奥尔格·阿格里科拉(Georgius Agricola)更为人所知]的《论矿冶》(De re metallica)出版,成为金属开采和冶炼的权威性著作。

近200年后,随着工业革命的诞生,化学工业超越了其古老的范畴,并得到了极大的发展,诸如硫酸和石灰(氢氧化钙)等贵重化合物的生产已经在专门建造的工厂中进行,而不再是在家庭作坊中进行。1749年,苏格兰雷斯顿潘斯镇开设了第一家生产硫酸的化工厂。

随着新合成化合物的开发,化学工业的学科价值大大提高。例如,1856年,威廉·珀金(William Perkin)在试图生产人造奎宁[10]时,意外地生产出了一种新型合成染料——苯胺紫(mauveine)。

上页图:工业工厂从事大规模的化学生产。
上图:格奥尔格·阿格里科拉(1494—1555)。
下图:早期法国化工厂正在硫化橡胶。

10 治疗与预防疟疾的药物。——译者注

核心理论

氧化还原、哈伯-博施法和催化作用

> 无论眼观何处，化学研究都提高了我们的文明水平，并提高了国家的生产力。
>
> 卡尔文·柯立芝（Calvin Coolidge），1924年

化学工业背后的理论与实验室基础化学的理论完全相同，即键合和化学反应中出现的理论。化学工业的范围如此之广，以至于不用烦琐的清单，很难涵盖所有的关键反应。与其如此，不如提供一些在化学工业中最常见或最重要的反应和过程的细节。许多化学工业过程涉及氧化还原反应，即使它们并不纯粹依赖于这种反应。"氧化还原"一词是"还原和氧化"的缩略语，当涉及的化学物质（试剂）中的一种被还原，另一种被氧化时，就会发生这种反应。最初，氧化的意思是与氧气反应，形成氧化物，但现在这个术语泛指一种物质（氧化剂）从被氧化的物质那里接受电子的反应。还原是物质获得电子时发生的反应，原本意味着物质失去氧原子，因此重量减轻，比如金属氧化物还原为金属。在许多还原反应（特别是有机反应）中，氢气是首选的还原剂。

哈伯-博施法（Haber-Bosch Process）

如果要挑出一个在其所处时代影响最大的工业化学反应，候选者必然有哈伯-博施法。通过生产化肥来养活日益增长的世界人口以及制造炸药，这两种情况都离不开哈伯-博施法。这两种情况的核心化学元素均为氮。

氮含量丰富，约占地球大气的78%。虽然植物很擅长从大气中获取碳，形成生命的基本分子，但它们在固氮方面效率较低。固氮是指将氮转化为简单的氨氮和硝酸盐等衍生物。之后，这些衍

生物可用于构建必需的生物组成部分——氨基酸。植物无法做到这一点，但是聚集在某些植物根部（尤其是豆类和三叶草）周围的细菌可以做到。农业要想在规模上取得成功，就需要为农作物补充富含氮元素的肥料。

哈伯-博施法包括将氮气和氢气在高温高压下通过催化剂（通常是细小的铁颗粒，可促进反应）发生作用的过程。第一次世界大战推动了该工艺向工业水平的发展。德国被切断了生产军需炸药所必需的硝酸盐，所以只好采取把大气中的氮气先转化为氨气，再经过多级反应生成硝酸盐的方法。硝酸盐既能作为炸药的氧化剂，又作为肥料。

催 化 剂

催化剂在石化工业中最重要的反应——催化裂化中也发挥着作用。原油首先要经过另一个关键的工业化学过程——分馏。分馏是一种分离由不同挥发性化学物质组成的液体的方法，分馏过程涉及在高温下将原油注入一个高大的圆柱形金属桶内的过程。较轻的分子上升到圆柱桶内上方冷却，而较重的分子停留在底部附近。进料从油缸中不同的高度取出，从而将原油分解为"馏分"。

然后，塔底的产物被进一步加热和蒸发，并喷洒在极热的催化剂上。在催化剂上，重分子被分解（裂解）成不同的石化分子，如丁烷、丙烷、汽油和燃料油，再通过另一次分馏被分离。

上页左图： 生锈是典型的氧化还原反应。
上页右图： 炼油厂的分馏钢瓶。
上图： 弗里茨·哈伯（Fritz Haber，1868—1934）。
下图： 一家军火厂内部。

求同存异

从很早的时候起，化学工业就涉及处理有害物质。例如，早在青铜时代，在使用锡之前，青铜采用砷制成，冶炼过程中会产生有毒烟雾。不足为奇，该行业毁誉参半——没有人会喜欢住在化工厂的附近。

1984年的博帕尔灾难（Bhopal disaster）是化学工业事故引发的最严重的公共危害。这一事件发生在印度中央邦地区博帕尔的一家农药厂。该厂储存了大量的异氰酸甲酯——一种用于生产杀虫剂的有毒物质。水进入装有约40吨异氰酸甲酯的储气罐中，导致化学反应发生并大量放热，使罐中的温度迅速升高。而安全系统全部失效，导致大量异氰酸甲酯气体被释放到大气中。50多万人受到泄漏的影响，其中约有15万人住院治疗，数千人死亡。

> 50多万人受到泄漏的影响，其中约有15万人住院治疗，数千人死亡。

尽管一些国家和地区制定了强有力的污染防治法案，为工人和环境提供保护，但这还远远不够。迄今为止，对化学工业的最大批评就是没有落实足够的保护措施。

上图左：环保抗议。
上图右：博帕尔工厂废墟。
下页图：化工厂的管道。

学科价值

化学工业是制造业的核心，无论是生产将成为制成品的原材料，还是开发有助于保护我们免受疾病侵害的药品。

阅读本书时，请你环顾四周。也许正在家里的你会看到用人造纤维制成的纺织品，来自化学工业的油漆、清漆和染料，含有金属和塑料或用化学产品加工的物品。甚至这本书本身也包含了一系列化学过程：纸张经过化学处理，油墨和胶水都是化学产品。

> 除非只购买有机食品，否则你的食品将都得益于化学工业的除草剂、杀虫剂和杀菌剂。

在厨房，除非只购买有机食品，否则你的食品将都得益于化学工业的除草剂、杀虫剂和杀菌剂（实际上，有机食品也间接受益，因为进入有机系统的材料是以这种方式产生的，没有这种方式，有机工业将无法实现可持续发展）。甚至把砖固定在一起的砂浆，或者是浴室里的水泥，都是化学产品。

你乘坐的火车、汽车或飞机，每种交通工具都受益于工业化学家的研究——无论是在其结构上，还是在维持其运行所需的材料上。日常生活中几乎方方面面都因化学工业的产出而有所改善。

未来发展

化学工业将继续在世界经济中发挥重要作用，但有些重要的变化我们可以更加期待。目前，用于燃料和塑料生产的石化工艺是重要的化学工业应用，但随着人们逐渐减少化石燃料的使用，对化石燃料的需求将大幅减少。虽然由于海洋中的塑料污染，人们也对塑料产生反感，但与化石燃料使用量下降背后的气候变化相比，这并不是一个重要的驱动因素——塑料在许多重要应用中会一直存在。石油化学制品也将继续成为一系列医疗产品的起点。

在生产各种产品的过程中，许多作为基础材料的化学产品将一如既往地被继续使用。最大的变化可能出现在制药行业。在制药行业，新产品不断更新换代；我们也看到，根据个人基因需求定制药品的潜力越来越大。尽管成本很高，但与其他化学工业相比，制药的规模相对较小。如果个性化用药变得普遍，那么我们很可能会看到更多的定制化制造（也许是使用3D打印的形式）成为化学工业的一部分。

上图：制药行业的变化比其他行业更快。

知识回顾

起源与发展	核心理论	求同存异	学科价值	未来发展
史前时代，金属矿石首先通过冶炼过程转化为金属。	理论可参考本章"**键合和化学反应**"一节。	化学工业的许多过程具有**潜在的危险性**，其中一种是早期生产青铜的过程，该过程含砷，会释放有害烟雾。	化学工业是**制造业的核心**。	尽管石油产品在医疗和塑料用途中仍将占据重要地位，但我们将看到**人们对化石燃料需求的大幅减少**。
1556年 奥尔格·阿格里科拉出版了关于金属开采和冶炼的《论矿冶》一书。	许多工业化学过程包含**氧化还原反应**，反应中电子从一种物质移动到另一种物质。	可以说，化学工业带来的最大的负面影响是印度的**博帕尔灾难**，造成数千人死亡，更多人受伤。	在家里，我们周围都是**生产过程中涉及化学工业的产品**。甚至本书也是由**纸和墨水**组成的，其背后都有化学工业的身影。	化学产品将继续作为各种产品的**基础材料**被广泛使用。
1749年 第一家生产硫酸的化工厂开业。	**哈伯-博施法**将大气中的氮转化为氨。这一方法通过提供低成本的硝酸盐肥料（并能生产炸药）改变了农业。	某些国家/地区制定了**强有力**的保护工人和环境的**措施**，但这还远远不够。	化学工业产品几乎改善了**日常生活**的方方面面。	在**制药领域**，随着我们对分子生物学的进一步了解，我们将看到新产品的不断开发，以及更多的定制化制造。
1856年 威廉·珀金研制出了第一种苯胺合成染料——苯胺紫。	**分馏和催化裂化**是从原油等混合物中提取可用化合物的核心。			

延伸阅读

物理学和宇宙学
PHYSICS AND COSMOLOGY

Our Mathematical Universe – Max Tegmark (Penguin, 2015)
Gives the basics on modern cosmology, but extends from here to some of the more speculative aspects of the field, bringing in the relationship between mathematics and reality.

QED – Richard Feynman (Penguin, 1990)
Taken from lectures for the public on quantum electrodynamics, not the easiest read, but a masterclass in this central theory of quantum physics.

The Beginning and End of Everything – Paul Parsons (Michael O'Mara, 2018)
An impressively in-depth trip through cosmology from the Big Bang to the end of the universe, taking in the formation of stars and galaxies, black holes, dark matter, dark energy and more.

The Quantum Age – Brian Clegg (Icon Books, 2015)
Combines a dive into more depth on the nature of quantum physics with the remarkable stories of the development of the quantum technology that is so important to the modern age.

The Reality Frame – Brian Clegg (Icon Books, 2017)
Provides a ground-up explanation of Galilean, special and general relativity, tying it in to our place in the universe.

The World According to Physics – Jim Al-Khalili (Princeton University Press, 2020)
In a compact book, Al-Khalili provides a surprisingly in-depth exploration of the "three pillars" of modern physics: relativity, quantum theory and thermodynamics.

化学
CHEMISTRY

Periodic Tales – Hugh Aldersey-Williams (Viking, 2011)
Rather than take a structured tour of the elements, the book makes use of artistic and cultural associations to link together stories of the science behind these icons of chemistry.

The Disappearing Spoon – Sam Kean (Little, Brown, 2010)
Engaging tales of the chemical elements, diving into their discovery, use and general oddity. An entertaining combination of fascinating facts and strange people.

The Periodic Table – Eric Scerri (OUP, 2019)
Scerri is the world's leading expert on the development of the periodic table, and though this book can get into a lot of detail, he manages to keep the topic readable and engaging.